Oahu Life-Style Guide

MY DAILY HAWAII

ハワイ暮らしのお気に入り

工藤まや

はじめに

気持ちのいいハワイに住んで20年目を迎えています。
本当にあっという間。ほとんどの日は
生業としている撮影のコーディネートに明け暮れ、
バタバタと過ごしていますが、その合間に見るもの、聞くものがたくさん。
おいしいもの、ストーリーがあるもの、最新のアートに、ファッションなど。
虹の谷マノアに住み、のんびり行こうよと思っちゃいるが、
日々増える好きを毎日の生活に取り入れたい。
そして良かったら、これいい、あれいいとおすすめしたい。
ほんと落ち着かないおせっかいな性分!
それが1冊の本になりました。
私のハワイ暮らしに必要不可欠なたくさんの好き。
そのどれかひとつでも皆さんのハートと繋がれたらうれしいな。

CONTENTS

- 2   はじめに
- 6   My Days ― 日々のこと
- 10   Maya's Closet ― クローゼットの中
  - 11   ビーサンとサンダル Everyday
  - 14   Muumuuの使い分け
  - 18   アクセサリー好き
  - 22   帽子とキャップ
  - 24   Local Bag いろいろ
  - 26   ハンドメイドかごバッグ
  - 28   Shop List
- 32   Daily Foods ― 日々のごはん
- 58   To Go ― テイクアウト
- 62   My Building Manoa ― ご近所のお気に入り
- 66   Catering ― みんなが喜ぶロケごはん
- 74   Snack ― おやつの時間
- 86   Tap Bar & Speakeasy ― タップバー&隠れ家バー
- 94   My Dog Belle ― ベルのこと
- 96   Maya's Tour ― 私のおすすめエリア案内

114　Love Water Bottles — 水筒好き

116　Souvenir — おみやげマニュアル

126　Coffee — こだわりのコーヒー

130　Analog Beauty — アナログビューティー

132　Day Trip — 私の旅気分

142　Hotel — ローカルのホテルづかい

162　Hawaii's Cooking — ハワイの家庭料理

184　Map

186　Index

190　おわりに

〈データの見方〉

ラングーン・バーミーズ・キッチン **Ⓛ Ⓓ**
1131 Nuuanu Ave., Honolulu
808-367-0645　B2

P184〜185のマップ上の位置を表しています。

本書では基本的に住所と電話番号のみを掲載しています。営業時間や定休日は変わりやすいため、ネット検索等で最新情報をご確認ください。

P32〜57「日々のごはん」では、用途の参考として、以下のマークを入れています。
Ⓑ＝朝食　**Ⓛ**＝ランチ
Ⓓ＝ディナー
10時から営業のお店にも**Ⓑ**、19時までのお店にも**Ⓓ**と入れており、時間帯によっては営業していない場合もありますので、ご利用の際には営業時間をご確認ください。

※本書に掲載された情報は、2019年5月現在のものです。

My Days
日々のこと

海も山もある最高の環境に住んでいながら趣味がない。終わってる〜。予定のない日は、朝起きて、ちょっと歩いて、少し泳いで、ご飯を食べて、近所の人か友人と世間話をして、虹かサンセットを見て、おやつを食べて、寝る。どこでもできる普通のこと。

だけど、少し泳ぐのがキラキラの海だし、洗濯物をすれば太陽燦々でパリッと気持ちよく乾き、おやつは庭で採れる完熟のパパイヤ。海に沈むサンセットも、谷に架かる虹も見上げる夜空も、ハワイでしかない。

今のあるがままを受け入れて楽しむ、そんな日々に大きく包まれて、これってアロハかなぁ〜なんて思いながら過ごしています。

My Days

Maya's Closet
クロゼットの中

サーフィンもフラもしない代わりに私のクローゼットはハワイ一色。
ここぞとばかりにハワイを意識して、眩しい太陽の下、リゾートとカジュアルに
実用性もプラスしたおしゃれを楽しみたいなと思っています。

ITEM.01
ビーサンとサンダル Everyday

1. 普段履きはローカルズが最愛。ロングスのセール$2.99で買ってきては新品を常備。
2. 3トーン・ソールはウォールマートでマメにチェック！(04)
3. クリアな鼻緒は何にでも合うから在住20年で10足は履き潰した。

普段は渋色ローカルズのビーサンでパタパタ歩いているせいか、お出かけとなると少しだけ華やかなものを履きたくなる。素材はレザーやスエード、光り物も取り込んでキラッとさせたり。サンダルで仕事に行くなんて日本では考えられないけれど、こちらでは普通のこと。だから取材で長時間歩いてもまったくくたびれない、頼りになるやつばかり集まってきました。

1. ポピッツの高級ビーサン！（写真のものは$60くらい）でも、チャームはかわいいし、絶対に痛くならないからぜひ一足は持ってほしい。(03) 2. セレクトショップなどでモロッカンサンダルを見つけたら即買い。3. ヒールありは、ソールのクッションがいいアイランドスリッパを。(02) 4. ジャックロジャースは、ずっと大好きなリゾートブランド。(01) 5. ISのスエードは色がつくので、普通のレザーがおすすめです。(02) 6. ビーチを歩くときは脱がないと足裏の形がくっきりつきます（だめなお手本）。(29)

Maya's Closet

ハワイローカルの内履きといえばラウハラスリッパー。写真はご近所さんのお手製。ハナホウ(27)でも購入可。

ITEM.02
Muumuu使い分け

新しいものから古いものまで集めてその数100はあろうか。断捨離派の母が卒倒しそうな枚数ですが、案外頭の中では整理されていて使い分けている。派手なものは暗めのステーキ屋やお寿司屋さんに着ていき、ヴィンテージものは誰とも被らないので結婚式などに重宝している。好きだけど色があせてきたものは、寝巻きとして活躍。そしてどれも体型をカバーしてくれるのがありがたい。

1. 近所のガレージセールで譲り受けてきたもの。各$10程度。2. メキシカンワンピは、バリオ・ヴィンテージで。各$20程度。(22) 3. ファイティング・イールのリゾートライン「アヴァスカイ」は$150。(07) 4. どちらもスリフトストアのグッドウィルで出会ったもの。各$15程度。(05)

Maya's Closet

すぐに着られるよう吊るしで整頓。ハンガーは肩の落ちないウッドものを。

ITEM.03

アクセサリー好き

祖母の遺品整理の時に、まあよく集めたなあと
いうくらいプチプラアクセサリーの山が出てきた。
私が受け継いだ遺伝子。海に入るのをためらわないぐらいの
値段のものと、ハワイの歴史や自然を感じる
ニイハウシェルや珊瑚、ハワイアンジュエリーなど
少しいいものも身につけて、
風に吹かれる心地よさ重視です。

1.ヴィンテージピカケのネックレス。アロハスタジアムのスワップミートで$30。2.細身のハワイアンジュエリー・バングルはナンバー8で。(20) 3.レイナイアのシーグラスネックレスに他界した愛犬ブリのドッグタグを$58。(08) 4.マウイマリのシャカネックレスはつけっぱなし$290。(17) 5.ジンジャー13のシンディーのセンスは大人っぽいの$65。(16) 6.レイナイアのオウムピアス$128。(08) 7.私のイメージで作ってくれたマウイマリのピアス$75。(17) 8.ノエラニジュエリーを有名にしたリーフピアス$84。9.セントラルユニオン教会のスリフトショップで$12。(19)

1. ハワイ産黒サンゴの指輪。コーラル・キングダム×レイナイア＄120。(08) 2.フィリップ・リカードのイニシャルペンダント＄278。(21) 3.レイナイアのアロハバングル＄120。(08) 4.バリオ・ヴィンテージで購入のヴィンテージピアス＄18。(22) 5.アヴァ＋オレナの2wayアクセ＄65。(15) 6.ヴィンテージパーツのバングル、レイナイア＄50〜。(08) 7.ニイハウジュエリーはカウアイ島に行くたびに購入。(35) 8.ベイリーズで購入したヴィンテージ＄45。(14) 9.ニイハウシェルのピアス。レイナイア＄220。(08)

ラウハラ、パナマ、メキシカン、カウボーイ。いつの時代もハットは仕事をしている人の大切な相棒として生まれた。

ITEM.04

帽子とキャップ

面倒くさがり屋なのと不規則な生活のため、ヘアとメイクはあきらめた。とはいえ人に会うことが多い職業だし、日差しの強い外に終日いることもある。帽子とキャップはそんな私のあらを隠してくれるうえ、加齢をいたわってくれる最重要アイテム。昔、沢村貞子さんが執筆をする際には着物を着て机に向かうとエッセイに書いてあったけれど、私は帽子をかぶって、いざ撮影へ！

1. 左から、NY土産のボーター。クラフトフェアで買ったラウハラハット$150。アンソロポロジーで見つけた涼しげなハット$90(10)。ヴィンテージラウハラハットはアリイ・アンティークで$65。2. キャップはパタゴニア、バクナム、ファノン、ベル風のもの、バーガーショップがお気に入り。

ITEM.05

Local Bag いろいろ

ハワイも2018年より本格的にエコバッグ時代に突入した。ショッパーは15セントかかる。些細な金額でも節約できるとうれしいし、環境を考えて持ち歩く習慣もやっと身についてきたところ。そもそもエコバッグ好きだからいっぱい持ってるし、私の時代が来たってもんだ。有名どころを押さえつつも、ローカルものをこよなく愛しています。

1&3. もらいもの。2&10. レナーズのピンクのエコバッグ$5 トート$20。4&12. チットチャットのハワイセンスが大好き。水玉$68、レインボー$88。(34) 5. グリーンルーム×QKトート$30。6. 底が広い形がナイスなコンプリートキッチンのエコバッグ$4.99 7. もらってうれしいムームーヘブンのショッパー$12。(06) 8. おしゃれショッパーはHereのもの$5。9. 肩掛けできるホールフーズの保冷バッグ$19.99。(24) 11. スキンケアライン「My Manoa」のウエンディーの手作りバッグ。13. 軍のスーパーで買ってきてもらうトート$5。14. マツモトシェイブアイス×ヘザーブラウンのエコバッグ$20。15. 長い持ち手が好き。Kinashi Cycle 1900円。16. ローカルが本土に行くとお土産に買うトレーダージョーズのエコバッグ$1.99。

1. ケイト・スペードのセルフヴィンテージバッグ。値段は忘れた。(32) 2.キムラ・ラウハラ・ショップの定番ラウハラバッグ$230くらいだったかな。(26) 3.ハナホウのラウハラクラッチ$200くらいとポーチ$30くらい。(27) 4.クラッチ(大)。こちらはネイティブブックスで$180くらい。その横に立てかけてあるクラッチはフィリピン製のラウハラ。フィアンにて各$8〜。(28)

ITEM.06

ハンドメイドかごバッグ

ハワイでのコーディネートにかごははずせません。そのなかでもラウハラは上品でムームーにもデニムにも合う。
おいそれと買える金額ではないから大切に使い、カマアイナファッションに近づくように。そして普段使いは毎年買い足し、古いかごは収納として活躍させる。
かご愛、家でも継続中。

1. 3点ともホールフーズなどナチュラルスーパーで購入。アフリカン・ボルガ・バスケット。それぞれ$25〜。(24)

ITEM
SHOP LIST

01
Nordstrom Rack
ノードストローム・ラック
1170 Auahi St., Honolulu
808-589-2060　C3

デパートのアウトレットだから、ハイブランドからカジュアルまでてんこ盛り。特に狙うは靴と帽子。ハワイの本店舗にはないジャック・ロジャースはいつもここで。

02
Island Slipper
アイランド・スリッパ
2201 Kalakaua Ave., Honolulu
808-923-2222　D4

有名スタイリストのソニア・パークさんがこれはかっこいいと書いてあるのを読んでから猛烈に好きになったメイド・イン・ハワイのサンダル。メンズライクなものがタイプ。

03
Popits Hawaii Waikiki
ポピッツ・ハワイ ワイキキ
227 Lewers St. #R106,
Honolulu　808-922-2885　D4

履きやすさピカイチ！ 鼻緒がすぐ痛くなるビーサン難民の救済ショップです。付け替えチャームあり、フラット、5cm、7cmのヒール展開もあるなど、至れり尽くせり。

04
Walmart Honolulu
ウォルマート ホノルル
700 Keeaumoku St.,
Honolulu　808-955-8441　C3

商品たくさん、どれもお安く、アラモアナセンター裏の立地、そして24時間営業とかゆいところに手が届くホームセンター。ローカルズ（ビーサン）も抜群の品揃えです。

05
Goodwill Kaimuki
グッドウィル カイムキ
3638 Waialae Ave., Honolulu
808-737-3284　D6

掘り出す元気と勇気をお持ちの方は、こちらへ。ヴィンテージムームー、アロハシャツを破格値で見つける喜び。私が1枚だけ持っているシャヒーンのドレスはここで見つけました。

06
Muumuu Heaven
ムームー・ヘブン
326 Kuulei Rd.#2, Kailua
808-366-2260　E2

トリ・リチャードやキヨミなど、名だたるヴィンテージムームーをばっさばっさとリメイクして生まれ変わらせる天才的な店。よだれもののムームーに巡り合えます。

07
Fighting Eel
ファイティング・イール
2233 Kalakaua Ave. B-116,
Honolulu　808-738-9295　D4

着心地の良さと、女性らしさまで兼ね備えたハワイ発のブランド。コットン重視の生地はすべてオリジナルデザインで縫製され、日本でも違和感なく着られるリゾートウエア。

08
Leinai'a
レイナイア
35 Kainehe St. #101, Kailua
808-312-3585　E2

手作りジュエリーは数あれど、レイナイアのオリジナリティーは抜きん出ている。ハワイらしさに少々ファンキー、少々グラマラス、おしゃれ上級者におすすめしています。

09
Free People
フリー・ピープル
2330 Kalakaua Ave.,
Honolulu 808-800-3610　D4

ボヘミアンでいて、時代にあったフェミニンさもある。ムームーじゃないマキシワンピや、トップスなどは毎シーズンチェック。体型も上手にカバーしてくれるつくりも好き。

10
Anthropologie
アンソロポロジー
2330 Kalakaua Ave., Honolulu
808-975-9460　D4

ホームウエアから洋服までのセレクトが秀逸。お皿などのキッチン用品、ここでしか買えないPilcroのデニムやカゴバッグ。もうどんだけお世話になっているか〜。

11
Number 808
ナンバー808
66-165 Kamehameha Hwy.
4C, Haleiwa　808-312-1579　E1

NYでスタイリストをしていたキャピーのセレクトが最高！ちょいゆるハワイがデザインされたTシャツやヴィンテージハワイもの狙いで。おみやげ探しにもいい。

12
Island Bungalow Hawaii
アイランド・バンガロー・ハワイ　131 Hekili St., Kailua
808-536-3543　E2

各国を旅するオーナーが集めてくるものにワクワク。旅で得たインスピレーションを元に作るオリジナルのお洋服はさらりと肌に馴染んでビーチ用のはおり物としても活躍。

13
Reyn Spooner
レイン・スプーナー
125 Merchant St., Honolulu
808-524-1885　B2

ダウンタウンのショップは、セールも多くてお得。アロハシャツはギフトに、自分用にはアロハ生地で作るパンツを。Tシャツと合わせるアイテムとして重宝しています。

14
Bailey's Antiques and Aloha
Shirts　ベイリーズ・アンティークス＆アロハシャツ
517 Kapahulu Ave.,
Honolulu 808-734-7628　D5

ヴィンテージアロハが有名ですが、実はヴィンテージジュエリーやムームーも密かにあり、私はもっぱらそちらを。パーティー仕様のコスチュームジュエリーもザクザク。

15
Awa + Olena
アヴァ＋オレナ
1152 Koko Head Ave. #202,
Honolulu　電話なし　D6

昨年オープンしたばかりのシンプルなジュエリーライン。いつも心ひかれるのは、アーシーな色合わせの小さなビーズのシリーズ。メイド・イン・ハワイのスキンケアもあり。

16
Ginger 13
ジンジャー13
22 S.Pauahi St., Honolulu
808-531-5311　B2

ひとつで華やぐハワイ発のジュエリー。石を使ったおおぶりなデザインが人気。ジュエリー以外にも植物やオイル、カゴなどオーナーのセンスがつまった店内も楽しい。

17
Mauimari Ocean Jewlry
マウイマリ・オーシャン・ジュ
エリー www.mauimariocean
jewelry.com

大人っぽく、かっこよく決めたい時はマリさんのジュエリーで。※Sand People サンド・ピープルでも購入可能　www.sandpeople.com

22
Barrio Vintage
バリオ・ヴィンテージ
1161 Nuuanu Ave., Honolulu
808-674-7156　B2

ジュエリーも洋服もすべてヴィンテージの一点物。即決できるお手頃金額で絶対に楽しいショッピングができる店です。

18
Sand People
サンド・ピープル
2369 Kalakaua Ave., Honolulu
808-924-6773　D4

マウイマリ・オーシャン・ジュエリーを購入しつつ、ハワイデザイナーもののバッグや雑貨も見つける。

23
Guava Shop Kailua
グァバ・ショップ　カイルア
131 Hekili St. #103, Kailua
808-262-9670　E2

ビーチシックなセレクトショップ。AvalonやKayuなどのカゴバッグをお目当てに、オリジナルポーチやワンピ、水着にも浮気しつつ。

19
Central Union Church
Thrift Shop
セントラルユニオン教会
スリフトショップ
1660 S. Beretania St., Honolulu 808-440-3055
B4　＊水曜、土曜のみ営業（9:00-16:00）
スリフト金額でヴィンテージジュエリーの宝庫。

24
Whole Foods Market Queen
ホールフーズ・マーケット
クィーン 388 Kamakee St. Ste
100, Honolulu 808-379-1800　C3

誰と行っても楽しいホールフーズ。住んでいたって毎回見ます、買います、エコバッグ。色違い、サイズ違いいろいろあるんだもん。

20
Number 8
ナンバー8
2255 Kalakaua Ave., Honolulu
808-921-2010　D4

最近また再燃してきたハワイアンジュエリー熱をここで発散。シンプルで長く持てるいいものを見つけて。

25
Na Mea Hawaii
ナ・メア・ハワイ　1200 Ala
Moana Blvd. Ward Centre,
Honolulu 808-596-8885　C2

ラウハラのバッグや帽子、ニイハウシェルなど一生物を探しに。ハワイを愛している方、はまりますよ！

21
Philip Rickard Honolulu
フィリップ・リカード・ホノルル
2330 Kalakaua Ave. #105,
Honolulu 808-924-7972　D4

小さなものでもリッチな気分になれるハワイアンジュエリー。ひとつは持っておきたいブランド。

26
Kimura Lauhala Shop
キムラ・ラウハラ・ショップ
77-996 Hualalai Rd., Holualoa
（ハワイ島）808-324-0053

ハワイ島へ行ったら必ず寄るお店。ラウハラのバッグやサンダルなど、すべて地元の作家さんによる手作りの伝統工芸品に触れられる。

27
Hana Hou　ハナ・ホウ
160 Kamehameha Ave.,
Hilo（ハワイ島）
808-935-4555

メイドインハワイにこだわったセレクトが素敵すぎる。伝統を大切にしつつも若い世代を育てる。ラウハラのジュエリーは必見！

28
Fian Enterprise
フィアン・エンタープライズ
1613 Houghtailing St. #6,
Honolulu 808-843-2246 D2

フィリピン製のラウハラが山積みである。うちわ $2、ポーチ3個で$10。おみやげや普段使いに！

29
Nordstrom
ノードストローム
1450 Ala Moana Blvd., #2950,
Honolulu 808-953-6100 C3

靴売り場の充実で有名なデパート。ハイブランドを横目で見つつ、たくさんあるハワイアナスを。

30
Carludovica
カールドヴィカ
227 Lewers St. #128, Honolulu
808-921-8040 D4

元はトゥルーフォーという帽子屋さんだったところ。パナマハットを$150くらいで探せます。

31
J. Crew　ジェー・クルー
1450 Ala Moana Blvd.,
#2404, Honolulu
808-949-5322 C3

J.Crewのサマーコレクションに必ず登場する$80くらいのパナマハットは本気で買いです！

32
Kate Spade　ケイト・スペード
2233 Kalakaua Ave.,
#107, Honolulu
808-922-3390 D4

ケイトのカゴバッグと帽子、サンダルは毎夏チェック。ポップでアメリカンな世界はハワイにとても合うと思います。

33
DEAN & DELUCA Hawaii
The Ritz-Carlton
Residences Waikiki Beach
ディーン＆デルーカ
383 Kalaimoku St. 1F, Honolulu 808-729-9720 D4

今、人気なのでいっときましょう！ハワイ限定トート。

34
Chit Chat Hawaii
チット・チャット・ハワイ
www.chitchathawaii.com

チトさんのライフスタイルがそのままかわいいバッグやトートになっている。ヴィンテージ生地のアップサイクル。

※Greenroom Gallery Hawaii　グリーンルーム・ギャラリー・ハワイでも購入可能
2330 Kalakaua Ave., #294, Honolulu
808-377-6766 D4

35
Hawaiian Trading Post
ハワイアン・トレーディング・ポスト
3425 Koloa Rd., Lawai（カウアイ島）
808-332-7404

カウアイ島に行くと必ず立ち寄るお店。ニイハウシェルを購入できます。

※愛用のお店一覧につき、コメントにないお店もあり。

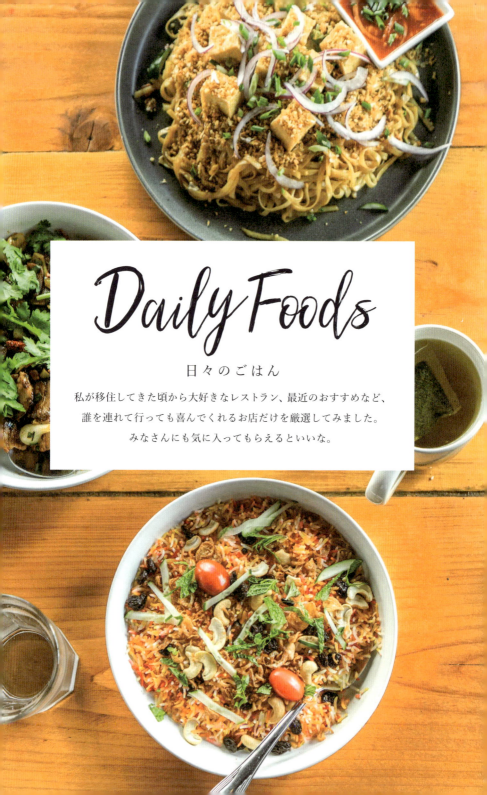

Daily Foods

日々のごはん

私が移住してきた頃から大好きなレストラン、最近のおすすめなど、誰を連れて行っても喜んでくれるお店だけを厳選してみました。みなさんにも気に入ってもらえるといいな。

FOOD.01

Rangoon Burmese Kitchen

ここ1年以内のオープンで最もお気に入りのレストラン。ミャンマー料理「ダゴン」の2号店としてメニューが増え、お店は洗練された雰囲気に。オーナーのサイさんはお料理上手な母に習った家庭料理を出していると言うけれど、いやいやどうして美的センスが素晴らしいうえに味わい深くて再現不可能！だから通ってしまいます。

1. ダゴンにはないメニュー、甘酸っぱいジンジャーサラダ$13。 2. お酒は今のところ置いておらずBYOB。場所はハワイシアターの裏。

ラングーン・バーミーズ・キッチン **L** **D**
1131 Nuuanu Ave., Honolulu
808-367-0645 B2

FOOD.02

Vein at Kaka'ako

ワイン好きの友人に一押ししているのはカカアコのおしゃれビストロ。オープンキッチンにはローカルボーイズがずらりと並び、活気ある様子にまず心掴まれる。地中海イタリアンを地元の食材で、なおかつ今流行りの和テイストも少し入れて。ウニ、タコなんて、昔アメリカ人は全然食べなかったけど、今は違う。ヒップな店ほどシーフードが充実。

1. 毎回おかわりしたくなるウニ・カルボナーラ$36。2. カカアコのソルト一角に2018年オープン。

ヴェイン・アット・カカアコ Ⓛ Ⓓ
685 Auahi St., Building 2 #121, Honolulu
808-376-4800 C2

1. 日本語が少しできるシェフのデルさんとの会話も楽しいカウンター。2. タコ一本足打法のグリルがアメリカの流行り。グリル・ド・タコ$24。3.ホタテのオランデーズソースは見た目もエッグベネディクト風。ダイバー・スキャロップ$38。4. 重量級のリブもじっくり煮込むからやわらかい。ブレイズ・ド・ショートリブ$40。

FOOD.03

Sweet Home Cafe Waikiki

台湾火鍋のハッピーテーブル。スープと肉類を注文したら、あとは冷蔵庫からお好みの具材を取り出し、ソースを好きなだけ取るシステム。安くておいしくてワイキキ店は予約もできていい感じ。ボウルで出される巨大かき氷はサービス！もうサイコー。

1. 自家製ガーリックバターソースが絶品。2. 店内がっつりレインボーです。3. 奥には個室もあります。

スイート・ホーム・カフェ ワイキキ D
407 Seaside Ave., Honolulu 808-922-7894   D4

FOOD.04

Island Vintage Coffee Royal Hawaiian Center

こだわりコーヒーがおいしいうえに、カフェのごはんレベルが半端ない。ポケ丼専門店がこんなにある昨今でも、相変わらず私はここのが一番好き。そして隣りには、7月にワインバーがオープン。絶賛おいしいメニューを展開中です。

1. 韓国風玄米にスパイシー・アヒはテッパン！$14.95。 2. アーモンドバターがインされたカカオモアナボウル$9.75。 3. 昨年から食事も夜まで提供されるようになった。

アイランド・ヴィンテージ・コーヒー ロイヤルハワイアンセンター ⒷⓁⒹ
2301 Kalakaua Ave. #C215, Honolulu　808-926-5662　D4

FOOD.05

The Pig & The Lady

屋台時代から大ファンなので、ファンクラブがあればおそらくオリジナルメンバーとして今頃大威張りでいるはず。月数度は通い、サンドイッチが食べたい時は昼、お酒を片手にフォーとおかずを食べたい時は夜に訪れます。どちらも本当にいい時間となるし、メニューは数ヶ月おきに変わっていくのでこの頻度は必要。

1. 撮影で行くと昼夜メニューをコラボできる→試食まで。これ最高！ 2. ビッグのネオンサインが目印、予約をおすすめします。

ザ・ピッグ＆ザ・レディ 🅛 🅓（🅓は木〜土）83 N. King St., Honolulu 808-585-8255 B2

1. とにかくお母さん仕込みのスープが濃厚でうまい。ビーフ・フォー $16。2. ナンプラー風味のランチ・フライドチキン $14。3. オーナーシェフのアンドリューさん。さあ次の展望は？日本進出の噂も！？ 4. 軽く食べて飲むならカウンターも良しです。

FOOD.06

Michel's at the Colony Surf

世界一ロマンチックなレストランに行きたい！と、友人、知人、とうとう我が父までが言い出した。アロハシャツを買い、綺麗な靴を履いて、まあ写真を撮りまくる。インスタ女子か！どんな年代にも響く老舗の魅力、そして包容力。まるで目の前に広がる太平洋のようなおおらかさ。

1. 一年を通してサンセットが見られる、このロケーションをスルーはできない！2,3. お気に入りの前菜はアイスド・ハーベスト・オブ・ザ・シー。まさに宝石箱や〜$58。

ミッシェルズ・アット・ザ・コロニー・サーフ D
2895 Kalakaua Ave., Honolulu 808-923-6552 E4

FOOD.07

Ruth's Chris Steak House Waikiki

味と食べ方の好みが顕著にでるステーキ。いろいろ行くけど、マイベストはやっぱりここ。火傷しそうなサーブ皿にバターじゅわ〜、そこにしっとり熟成肉がどんっ。するとたちまち香り立つ熱々アロマで一気にロックオン。さらに醤油を少したらしてサイドにご飯。ああ、今食べたいっ！

1.日本ではお目にかかれないトマホーク$145。2.全米1売り上げる年もあるワイキキ店。要予約。3. みんなでワイワイ楽しめるお店ですが、お一人様カウンターもあり。

ルースズ・クリス・ステーキ・ハウス ワイキキ　D 226 Lewers St., Waikiki Beach Walk, Honolulu　808-440-7910　D4

FOOD.08

Waioli Kitchen & Bake shop

やっと再オープンしました。3年も待っていたから喜びもひとしお。歴史的建造物はむやみやたらに変えられないけれど、内装をリフレッシュして、メニューは朝食、ランチとベイクドグッズに変身。マノアの森林浴カフェの気持ち良さが永遠でありますように。

1. 三世代で日曜のブレックファースト。家族の風景がとっても素敵。2. 手作りマフィンで弾丸トークのお茶タイム。3. サルベーションアーミーの教育機関だったところ。

ワイオリ・キッチン＆ベイク・ショップ ❸❶
2950 Manoa Rd., Honolulu　808-744-1619　A5

Daily Foods　042

1

FOOD.09

Pioneer Saloon Kaka'ako

がっつりなのに、ほっこり。きっとそれはプレートランチと定食をいい按配で構成し、ローカル文化に敬意を表し、日本のおいしいものも知ってほしいというオーナーの秘かな心意気なのではと思っている。だからここのご飯は何を食べてもおいしい！そしてとってもハートフル。

1.カキフライ、ステーキ、ガーリックアヒ、チキン南蛮、メンチカツ、ポケ、これ全部おすすめ！$12〜。2.右がオーナーののりさん。サーファー、時々シェフ。3.カカアコ店にはビールもある。

パイオニア・サルーン カカアコ **L** **D**
675 Auahi St., Honolulu 808-600-5612 C2

2

FOOD.10

Ray's Café

雑然としている店内はいつもローカルでいっぱい。安くておいしいプライムリブが売り切れ必至のため、早朝あくびをしいしい待っている人をよく見かける。そんなに食べたいんだっ！と毎回おかしさこみあげる。そんな肉ラバーの前菜（眠気覚まし？）がフレンチトーストと知り、食べてみたらこれが滅法うまい。ぼってりマグのコーヒーとも相性がいい感じ。

1. 看板が店内向きであるっつうね（笑）。2. 通りも雑な感じのカリヒエリアにある。臆せずにぜひ！

レイズ・カフェ B L D
2033 N. King St., Honolulu
808-841-2771 D2

Daily Foods

1. Love's Bakeryのスイートブレッドで作るフレンチトースト、きゃわいい$5。2. これが噂のプライムリブ$18。3. メニューは前方、キャッシュオンリー、ATMは右側。業務連絡でした。

大好物のもつ鍋。着席したら、「シメにもつ鍋」宣言しましょう。

FOOD.11

Yakitori Ando

木梨憲武さんに教えてもらってから、どハマり。おまかせの「焼き鳥あんどう」。コースだからって背筋伸ばさずOK。注文を聞いて書いたりするの苦手だからと店主あんちゃん。おつまみ、串物、お鍋と食べて大体$40ぐらいって物価の高いハワイでは驚くほどの安価。うれしくて食後に思わずシャカ出ちゃう。いや、ここではなぜかキツネなのだった。

ヤキトリ・アンドウ Ⓓ
1215 Center St.,
Honolulu
808-739-5702 D6

1.店主のあんちゃん、ただいま女将募集中〜。2.わかりづらい場所なのでググって行ってください。カイムキ。3.自家製煎り塩で仕込む焼き物。

Daily Foods

中央が豆乳のすり流しスープヌードル$11.95。コーン茶と小さいおかずは無料で出てきます。

FOOD.12

Ireh Restaurant

アラモアナの裏手にある韓国食堂。台所では韓国女性たちがテキパキと働く姿が見てとれる。お国にはこんなタイプの食堂がいっぱいあるんだろうな。胃が少々疲れた旅の途中におすすめしたい豆乳のすり流しスープヌードル。胃に落ちゆくのを感じつつ、体も喜ぶおいしさです。そして、台所の清潔さ、野菜のきれいに下ごしらえされてある様に、惚れてまうやろ〜。

イレー・レストラン **B** **L** **D** （**B**は月〜土）
911 Keeaumoku St., Honolulu 808-943-6000 C3

1. アラモアナセンターからまっすぐ山へ向かっていくとある。2. フレッシュ野菜の若芽ビビンバ$14.95。

Daily Foods

FOOD.13

Opal Thai

メニューはあるのに注文を受け付けないタイ料理店として話題に。最初は誰得？と思ったけれど、見たことも食べたこともない逸品が出てくるめくるめく饗宴に目から鱗。バンコク出身のオペルさんの店主関白ぶりは、食と母国への愛があるからこそ。大奥にはシェフの奥様。余は満足じゃ〜。

1. ホーリーバジルがいい仕事！ガパオライス$15.50。2. 甘辛だれが食欲そそるチキン$12。3. うどんのようなフライドヌードル$15.50。4. タイ風大根餅がめちゃめちゃタイプ$12。

オパール・タイ **L D**
1030 Smith St., Honolulu 808-381-8371 B2

5. 場所は元スクラッチキッチンだったところ。6. 予約したほうがベターです。が早すぎても遅すぎてもNG。2、3日前がベスト。なんなんだ、いったい！

暑いハワイで冷麺はもう大定番。

FOOD.14

Yu Chun Korean Restaurant

『arikoの食卓』の著者arikoさんが空港から直行するほどおいしいシャリシャリみぞれスープの葛冷麺を出す名店。サイドにカルビを頼んでつまみにするとなお良い。と、アドバイスしていたが、最近では、わたくし、ご飯に大盛りカルビがのったカルビ定食に走ってしまっている。で、つまみ的に同行者が頼んだ冷麺に箸つっこませてもらうっていうね。

ユッチャン・コリアン・レストラン L D
1159 Kapiolani Blvd., Honolulu 808-589-0022 C3

1. 店内は広く、予約せずとも気軽に行ける。場所はアラモアナセンターから徒歩圏内です。 2. 隣りはゴルフショップ。ゴルファーにも人気。

この日は写真を撮るために来訪。横目で見てたおばちゃん無言、撮影許可と認識しました。レアステーキフォー$8.95〜。

FOOD.15

Pho To-Chau
Vietnamese Restaurant

店主おばちゃんが怖い→怖気付き、どぎまぎ食べる→なのにまた行く。もはや私のインスタ劇場定番のレストラン。でも今年からやや違う展開をみせてきた。なんか優しい。牛スープに玉ねぎ、薬味が入った滋味溢れるフォーのように味わい深い人間関係となってきたのか？ レモンを絞って爽やかに、でもぴりりと辛いハラペーニョで味わい増す。

フォー・トーチャウ・ベトナミーズ・レストラン ❸ ❶
1007 River St., Honolulu 808-533-4549 B2

1. 窓側が好き。チャイナタウンを眺めながら。2. この店でフォーを知った。おばちゃんとの関係も20年目。

Daily Foods

小皿でいろいろでてくるおばんざい風。

FOOD.16

Helena's Hawaiian Food

伝統的なポイやラウラウなどもおいしい、けれど、ここではピピカウラを食べてください！ 特製ソースに漬け込み、干したあと揚げ焼きにしたカルビは旨味がじゅっと膜を張り、1個を食べ終わるうちから目は2個目を追うほど！ 私は時々猛烈にこれが食べたくなり、気がつけば車に飛び乗り走って店に駆け込む。爆走フードと呼んでいます。

ヘレナズ・ハワイアン・フード **B L D**
1240 N. School St., Honolulu 808-845-8044 D2

1. ピピカウラとはハワイ語で干し肉の意味。まさに洗濯物状態で熟成。
2. カリヒのスクール通り沿い。並ぶのを覚悟して出向いて。

Daily Foods

FOOD.17

Deck.

オープンな店内が気持ちいい。ここはクイーンカピオラニホテルの3階にあり、2018年のホテル改装に合わせて誕生したレストラン。カウンター席、ソファー席、テーブル席とあるからその日の気分で、お好みの角度でダイヤモンドヘッドを眺められる。こういう空間はしかったんだ〜と住住者にはすでに人気爆発、観光客にはまだ穴場です。

1. 入った瞬間わぁー！と、歓声上がるナイスヘッドビュー。2. プールサイド横のロケーションのカジュアルダイニング。

デック🅡🅘🅓
150 Kapahulu Ave., Honolulu
808-931-4488　D4

Daily Foods

1. カウンターでは地ビール、地サイダーも飲める。2. 肉厚パテがおいしい！デックのロコモコ、デック・モコ＄19。3. 日がな1日焼きたい方、こちらへどうぞ。4. サンバーン派の方、グリーンのガスパチョでビタミン補給を。チルド・アイナ・ボウル＄12。

サラダはサラダバーから好きなものをわさわさ盛って。ランチブッフェ$19。

FOOD.18

Duke's Waikiki

パラダイス感のある人気のところ！とリクエストを受ければまずここが思い浮かぶ。伝統とか、洗練じゃないハワイらしさ。陽気なリゾートをまとったごはんはハンバーガーに、ココナッツシュリンプ、大盛りサラダなど。それらが眩しく見えるワイキキにいつも満足して、パワーをもらっています。

デュークス・ワイキキ ⒷⓁⒹ
2335 Kalakaua Ave., Honolulu　808-922-2268　D4

1. アウトリガーワイキキホテル1階です。2. 併設しているのはベアフットバー。裸足もOK！

Daily Foods

カルボナーラにイカ墨を練りこんだ自家製パスタなど。

FOOD.19

Mediterraneo

イタリアには行ったことがないけれど（私ってほんとハワイしか知らない）、ここのはママの味なんだろうなあと想像がつく。落ち着くというか馴染むというか。スモークしたパンチェッタと卵だけで作るカルボナーラは噛みしめるほどに濃厚さが増す絶品だし、飲めない口の私もワインがすいすい。オーナーがまた勧め上手なんだよ。

メディテラネオ **D**
1809 S. King St., Honolulu 808-593-1466 C4

1. カジュアルな店内でついつい長居してしまう。と、オーナーが隣りで一緒に飲んでる、てなサービスもあり。
2. コテージ風なお店がご愛嬌。

Daily Foods

こんなおいしいフムスないから！マストオーダーです$4.78。

1

FOOD.20

Olive Tree Café

シルベスター・スタローン似のオーナーさんが長らくこの場所でやっているギリシャ料理の名店。ランチ的なカジュアルさですが、夜のみ営業。ピタサンドとかフムスとか、シンプルなんですが、癖になるおいしさ。そしてBYOB。でも、隣りにはリカーショップがあるので、ご心配なく！ちなみにこちらも同経営。商売じょうずだなあ〜ランボー。

1. カハラモールの裏手にある。2. カウンターで注文して最後の品が出てきたら払う。謎めきシステム。
オリーブ・ツリー・カフェ D
4614 Kilauea Ave., Honolulu 808-737-0303 D6

2

Daily Foods

食べてびっくりのおいしさ。
マック&チーズのパンケーキ$11
(ベーコンはプラス$2)。

FOOD.21

Morning Glass Coffee

我が家のリビング的に利用しているコーヒーショップ。マノアの谷にいる雰囲気とか、サードウェーブのコーヒーとか、なんかいちいちいい感じ。行ってみたーい！という日本からの友人と行く時は決まって朝、混んでいるけれどおいしいごはんも食べてほしいから。在住の友とは2時過ぎに、ベルを連れてまったりと。

1. こだわりコーヒーをゆるく楽しむのがマノアらしい。 2. わざわざ行く価値のあるお店。空気もおいしいから。

モーニング・グラス・コーヒー ❸ ❶
2955 E. Manoa Rd., Honolulu 808-673-0065 B5

Daily Foods

To Go

テイクアウト

ハワイ在住のからあげ県民です。地元では塩からあげを
ドライブのお供に、ハワイではガーリックチキンをピクニックや、
ポットラックパーティー、一人ビーチ眺め飯に。それ以外にも
ハワイで見つけたお気に入りテイクアウトはすべてパンチ強め。

TO GO.01

Sugoi Bento & Catering

スゴイ・ベントー＆
ケータリング
1286 Kalani St.,
Honolulu
808-841-7984
A1

1. 店内は広くてイートインも可能。各テーブルにはウェットティッシュも。2. 店名、パッケージともにデザイン大賞もの！ガーリックチキン弁当$12.99。

カラッと揚がったチキンをボウルで躍らせながらガーリックの染みた甘辛醤油を和える。オーダーして眺められるこの光景だけで萌え。茶色以外のチョイスはないと思って。

TO GO.02

Guava Smoked

グアバ・スモークド
1637 Republican St.,
Honolulu
808-351-0003
A1

1.こちらはカリヒ店、今年カパフルにも新店舗をオープン予定。2.ポークのグアバスモーク。ビールにめちゃ合う！ププ・ボウル$12.42。

増えすぎのため伐採されるグアバの木を再利用できないかと始めたスモークショップ。環境にも優しくほんのりスイートな炭火焼はファーマーズマーケットでも人気者。

TO GO.03

イッチー・バット
1229 Keeaumoku St.,
Honolulu
808-942-4845
B3

1. 写真はオリジナルの塩味。醤油やガーリックなども人気。ハーフ（8〜9ピース入り）$12.99。
2. お尻のかゆい鶏が目印です。ここのセンスも独特。

Itchy Butt

こちらは韓国系のフレイバーが選べるフライドチキン専門店。昼時ともなると長蛇の列、フットボールの試合前はさらに大行列。なぜかチーズフライと水キムチがセット。

TO GO.04

バレ・サンドイッチ・ショップ
333 Ward Ave.,
Honolulu
808-591-0935
C2

1. パンも自家製のコンビネーションサンド$7.65。
2. アクセス良しのワード店。

Ba-Le Sandwich Shop

ベトナムフードを気軽にテイクアウトできるバレ。数ヶ月に一度無性にここのパクチー入りサンドイッチが食べたくなる。コンデンスミルク入りの甘いアイスコーヒーと一緒に。

ミツケン
2300 N. King St.,
Honolulu
808-848-5573
D2

1. 店内はおかず屋風で、ショーケースにあるおかずもいろいろ。 2. 私は断然ごはんと合うと思っているけれど、焼きそばと合わせる人も多い。

TO GO.05

Mitsu-Ken

甘い醤油が引き立つくらいのガーリック味が、かわいい三角おにぎりと合う。ローカルはこれを朝ごはんにしているので、13時には閉店。はやっ。私はいつもあわてて駆け込み。

テッパンヤキ・
ファーマー
1450 Ala Moana Blvd.,
Honolulu
808-955-9517
C3

1. ラナイという少しおしゃれなフードコートにあります。 2. ポテトを薄い牛肉で巻いてあるから案外軽いの。ステーキロール $12.95。

TO GO.06

Teppanyaki Farmer

前身はタエズ鉄板焼きという小さな店。今ではアラモアナセンターに店舗を持つまでに成長。ステーキロールを地道に買い続けて投資した甲斐があるってもんだ。

My Building Manoa

勝手に私のビルと呼ばせてもらって早19年。その間緑色は塗り替えられることなく、よりマノアバレーの自然に馴染んできている。ハワイ特集などでおすすめとして紹介させてもらったり、他のファンも増えてきて今ではすっかりインスタスポット。ですが、私にとっては日常使いが主。スタバでは撮影用のコーヒーを朝一調達し、近所のお婆ちゃんと並んでネイル、ランチにはポケを食べて、お土産にカマをもらう。マノアにあるショップは、ここに住む人たちと同じくメローで気さくでアロハがいっぱい。写真だけと言わず、ぜひ中までお立ち寄りくださいまし。

❶ Starbucks Coffee Manoa Valley (P64)

❷ Andy's Sandwiches & Smoothies (P65)

❸ Fantastic Nail

❹ Off the Hook Poke Market (P65)

TO GO.07

Starbucks Coffee Manoa Valley

緑のスタバ。朝は撮影現場に持っていくトラベラー（12カップ入り）を、午後は打ち合わせで使うことが多く、ハワイ大学の学生に混じって日本未発売のバニラ風味のソイラテか、緑茶にシロップを少々混ぜてシャカシャカしたシェイクンアイスティーを頼む。外観は変わらないが、内装は何年かに一度きれいにしていて、実は夜の雰囲気もGood。

本日のラインアップ。けっこうみんな靴ぬいでくつろぎ体勢、笑。

❶ スターバックスコーヒー マノア・バレー
2902 E. Manoa Rd., Honolulu 808-988-9295
B5

TO GO.08

❷ アンディーズ・サンドイッチ＆スムージーズ
2904 E. Manoa Rd., Honolulu
808-988-6161 B5

1. 土曜日がお休み。
2. アンディーさんご夫婦が営む。ほんと仲良し〜。
3. 好きなサンドイッチはスモークアヒとアボカド $6.50〜。

Andy's Sandwiches & Smoothies

小さな町のサンドイッチ屋さん。手作りで種類いっぱいで、メニューがネオンカラーの紙に書かれて壁にぺたぺた貼ってある。昼時ともなれば学生や近所の人が行列する人気店。

TO GO.09

❹ オフ・ザ・フック・ポケ・マーケット
2908 E. Manoa Rd., Honolulu
808-800-6865 B5

1. オーナーのJPさんとともきさん。ここも仲良し〜。
2. ミニサイズだと$9.99〜。
3. 気の利いた手土産にもなるポケサンプラー$25。

Off the Hook Poke Market

昨年オープンのニューフェイスながら、すっかりマノアネイバーとして溶け込んでいる。ポケ専門店で毎朝市場で仕入れるマグロをさばいて調理するからフレッシュ、めちゃうま。

Catering

みんなが喜ぶロケごはん

「同じ釜の飯を食う」は、撮影のためにハワイ入りする
スタッフと一瞬で仲良くなる魔法。気軽で安くておいしい。
私のそんなロケごはんリストを一挙公開！

CATERING.01

イヤスメ
464 Ena Rd., Honolulu
808-945-9525 C4

1. 店内にはイートインもあるエナロード店。2. デラックスはおにぎりが2種類選べておかずと豚汁付き。$8.60。3. 豚汁は安全運転で。車で何度も溢れてるっつうの。

Iyasume

人気過ぎて、続々店舗が増えるおにぎり屋さん。ロケ前の慌ただしい朝食ピックアップだから、極力行列の短い最新ロケーションに電話注文してから参上します。

CATERING.02

ジッピーズ・カパフル
601 Kapahulu Ave., Honolulu
808-733-3725 D5

1. 困ったときのジッピーズ！ 24時間営業。ありがたや〜。2. 揚げ物とスパムにふりかけご飯は、海ロケの後に。

Zippy's Kapahulu

ファミレスの一番人気が弁当だなんてほんとハワイらしい。その名をジップパックと申します。最近では併設してあるベーカリーの売れっ子と抱き合わせて人気は不動に。

Catering

CATERING.03

オオキニ
407 Seaside Ave., Honolulu
808-724-4039 D4

1. 唐揚げの串刺しが日本のコンビニ風でうれしかったりする。2. 15時以降は台湾火鍋スイート・ホーム・カフェに。

Ookini

"おおきに"という言葉を広めたくて始めたというおにぎり屋さん。小ぶりなので味違いを2つ食べると朝にちょうどいい。けど、時々バクダンもつい買っちゃって腹パン！

CATERING.04

フードランド・ファームス
1450 Ala Moana Blvd., Honolulu
808-949-5044 C3

1. 売れ行きもいいのでしょう、フルーツはいつも新鮮！ 2. スムージーにスパ・ウォーターなどジュースもいろいろ。3. アラモアナセンター1階、ノードストローム側です。

Foodland Farms

旅行者を意識したラインアップが本当に秀逸。カットフルーツにカット野菜、フレッシュジュース、パンやおにぎりなど。パッと買えてさっと食べられる物揃いでロケ隊も助かる〜。

Catering   068

CATERING.05

Henry's Place

店に置いてあるもの全部がおいしい！カットフルーツ、サンドイッチ、シャーベットにアイス。要は嵐（アイドルのほう）みたいなもの。好みはあれど、どれもいいから好きになっちゃう。ロケではフルーツとサンドイッチのコンビネーションが最高です。松潤とニノ的な。こちらは永遠であってほしい〜。

1. 黄金アイドルセット。フルーツの完熟ぶりが神！ 2. 昔、ご近所のおばあちゃんが勤めていたのもあってなんか親近感。 3. コーヒーシャーベットに一時期めちゃはまっていた。

ヘンリーズ・プレイス
234 Beach Walk, Honolulu　電話なし　D4

Sconees Bakery

トーチャウ（P50）ほどではないけれど、ここも怖いおばちゃんのいる店。でも素朴なスコーンがコーヒーとよく合うので、カハラホテルにお泊まりのロケチームの朝ごはんに重宝している。

スコニーズ・ベーカリー
1117 12th Ave.,
Honolulu
808-734-4024 D6

1. 大きなスコーンとおしゃれスタイリストさんが溺愛のコーンブレッド。2. カイムキ住民に愛されて長い。店構えもいい感じ。

Leonard's Bakery

だってやっぱりおいしいからはずせません！ここへはスタッフをホテルでピックアップしてから寄り、みんなで写真撮る→マラサダ買う→車で食べながらロケ地へゴーの段取りです。

レナーズ・ベーカリー
933 Kapahulu Ave.,
Honolulu
808-737-5591 C5

1. やっぱりでき立てを食べてほしい。もっちもっちのふわふわ。2. 昼はスカッと青空。夜も結構よくて写真映えしますよ。

Catering

ボガーツ・カフェ
3045 Monsarrat Ave., Honolulu
808-739-0999 E5

1. 2年前に数件横に移動で外席が充実。2. アサイボウルはフルーツもりもりで朝にいい。3. これ！なんてことない風なんだけどおいしすぎるから。

CATERING.08

Bogart's Café

アサイボウルとガーリックチャーハンを食べたい！と、リクエストを受けることが多い。甘いのとしょっぱいのとの組み合わせが絶妙。特にガーリックシュリンプチャーハンは絶品。

フェンドゥ・ブーランジェリー
2752 Woodlawn Dr. #5-119, Honolulu
808-988-4310 B5

1. マノアマーケットプレイスの一角。イートインあり。2. クロワッサンもランチ時のピザやサンドもおいしい〜。

CATERING.09

Fendu Boulangerie

四方にまで行き届いたしっとりスコーンはマノア発。フォーシーズンズラナイのオープニングシェフだったニールさんが作る本格フレンチベーカリーのおしゃれな朝パンをお届け。

CATERING.10

Paalaa Kai Mini-Mart

ノースで朝から撮影の時は、パリパリに揚がったフライドチキンと平たい塩むすびコンボを食べられるなぁと前の晩からワクワク。ドリンクもジャンクにソーダかスラッシーを。

パアラア・カイ・ミニ・マート
66-945 Kaukonahua Rd., Waialua
808-637-9182 E1

1. フライドチキン2ピースとむすびで$4.79。同じ味を作れるフライドチキン粉も販売している。
2. 陳列もワイルドであがるんだぁ。熱々ですよ。

CATERING.11

Mahaloha Burger Kailua

業界と言われる界隈で仕事をしているもので、しかもハワイロケ。スタッフみんなテンション高めでお昼にバーガーとビールなんてリクエストもでてくる。カイルア店は両方あるの。

マハロハ・バーガー カルイア
143 Hekili St., Kailua
808-263-2777 E2

1. ハワイ産のグラスフェッドのパテがジュワうま。
2. テイクアウトにしてビーチで食べるも良し。ワイキキとアラモアナにもお店アリ。

Catering   072

オノ・シーフード
747 Kapahulu Ave., Honolulu
808-732-4806 D5

1.カパフル通りに面しているけど、少し奥まっている。見逃さないように。
2.ポケには番号がふってあるので注文楽勝！ポケ$8〜。

Ono Seafood

小さな店内に大行列しているポケの専門店。ここはマグロとタコが絶品で種類豊富、パックに入ったおかずと一緒にわさわさ買ってカピオラニパークでピクニック風に食べてます。

チャビーズ・バーガーズ
960 Auahi St., Honolulu
808-291-7867 C2

1.ワードエリアの駐車場でイートインもあり。2. 50'Sバーガーにはアボカドとベーコンを入れて$12.50。

Chubbies Burgers

フードワゴンで食べられる、レストランレベルのハンバーガー。今流行りのクラシックスタイルでウエイトを使い、パテを押し焼きするので旨味がぎゅっと詰まってジューシー。

Catering

Snack

おやつの時間

おやつって年齢性別を問わずに共有できて土地柄や季節柄なんかも知れるし、何より見てくれがかわいいじゃない？って、いろいろ理由つけてみたけど根っからの甘党です。

台湾式で人気のシェイブアイス。プリンは手作り。$7.96。

SNACK.01

Ice Garden

お婆ちゃん二人でやっていた店に取材に行ったら、若夫婦になっていた。あら、味変わったんじゃない？ なんてごちゃごちゃ店先で話す失礼な私たち。でも、にこやかに日本語で応対されたもんだから焦ったよね〜。お婆ちゃんめでたく引退、ご親戚が継がれました。変わらず優しくておいしい！

アイエア・ショッピングセンターの2階です。

アイス・ガーデン
99-080 Kauhale St., Aiea
808-488-5154　D1

SNACK.02

Melona

最愛のアイスキャンデー。ハワイに根付いているが、韓国生まれでメロン味がオリジナル。他にストロベリーやマンゴー、ココナッツがある。年間に100本は食べてるかも。げっ！

ABC Stores
エービーシー・ストアーズ
2201 Kalakaua Ave., Honolulu
808-923-2069　D4

1. なんともまったりな口どけをぜひ体験してほしい。実はハレクラニのプールサイドでも配られている。素敵でしょ。2. メローナはどこのABCでも買えます。$1.59

SNACK.03

Crack Seed Store

クラック・シード・ストアとは、ハワイの駄菓子屋さんのこと。ここには老若男女が訪れて、みな梅を乾燥させたリヒンムイを買う。甘酸っぱくて目も覚めるから私のドライブのお供。

クラック・シード・ストア
1156 Koko Head Ave., Honolulu
808-737-1022　D6

1. 頬の内側がキュッとなるおいしさ。量り売り1lb $4.75。2. ハワイの駄菓子屋ではおばちゃんが来て、おじさんが売る。

1

SNACK.04

Island Vintage Coffee
Royal Hawaiian Center

アイスコーヒーなんだけど、シェイク的でおやつとして認識している。エスプレッソにマカダミアナッツアイス、キャラメルソースにハワイ島のラヴァソルト。甘さとコーヒーのほろ苦さが癖になる。眠気と疲れが重なった仕事中にふらふらと吸い寄せられるように飲む私のエナジードリンク。

1. マウナケアアイスコーヒーが正式名。$6.50。2. ワイキキ随一の繁盛店。味とセンスだよなあ。

アイランド・ヴィンテージ・コーヒー
ロイヤルハワイアンセンター
2301 Kalakaua Ave., Honolulu
808-926-5662　D4

SNACK.05

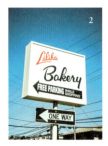

リリハ・ベーカリー
515 N. Kuakini St.,
Honolulu
808-531-1651 A2

1. スイーツをテイクアウトにして、店のカウンターでごはんも。2. 看板のかわいさは押さえておきたい一枚。

Liliha Bakery

ローカルスイーツの大御所・ココパフ、店のアイドル・グアバロール、なんかどっかでみたことあるようなポイドーナッツを頼めばもう完璧！ 整理券を取るのを忘れずに。

SNACK.06

パイプライン・
ベイクショップ＆
クリマリー
3632 Waialae Ave. #102,
Honolulu
808-738-8200 D6

1. マラサダを入れてくれる包装紙もかわいいんだ。2.店にはケーキ、ジェラートとかかわいい女子もいます。

Pipeline Bakeshop & Creamery

甘さ増し！で勝負する女性オーナーの真摯な姿勢が好き。揚げたてふわふわのマラサダに冷たいアイスクリームを入れたマラ・モード$6.50は、ルックスもラブリー。

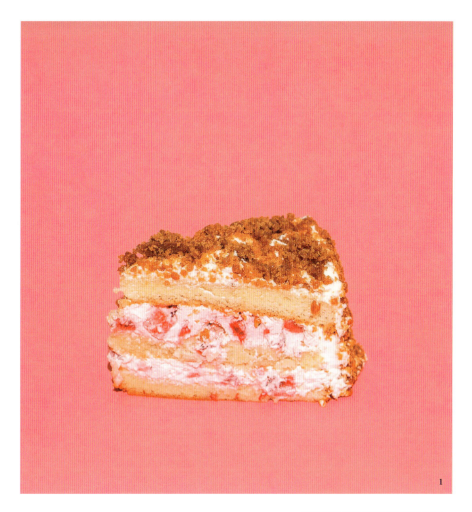

1

SNACK.07

The Alley Restaurant at Aiea Bowl

1901年に創業し、今はないアレクサンダー・ヤング・ホテルの名物だったレモン・クランチー・ケーキを模して作られた苺バージョン。ご近所のおばあちゃんに教えてもらって以来すっかり虜。古き良き時代のケーキは、ローカルシニア永遠のあこがれというのにも心惹かれる。

2

1. ボーリング場で買うスイーツ。スポンジ3段。ハワイでこの手間はあっぱれw 2. ボーリング場内にあるレストランで買えます、食べられます。

ザ・アリー・レストラン アイエア・ボウルズ　99-115 Aiea Heights Dr., Aiea 808-488-6854　D1

1

SNACK.08

Purve Donut Stop

注文を受けてから揚げるあつあつドーナツショップの登場に地元の甘党が大喜び。場所はアロハシャツの老舗イオラニが構えるコンプレックスの一角で、朝6時からじゃんじゃん揚げてる〜いいねー。13種類あるドーナツはどれもカラフルで映え系。その中には地元を意識したコナコーヒーやマカダミアナッツなどのトッピングも。

1. パーティーに持っていくと人気者間違いなし。2. 2018年夏にオープンした最新スイーツスポット。

パーベ・ドーナツ・ストップ
1234 Kona St., Honolulu
808-200-3978　C3

1

SNACK.09

Honu Bakery

知り合って5年の亀パン。かあいい〜。何でも知っているつもりでも、時々大きなブラックホールに落ち込んでいる情報がある。それを教えてくれるのは在住の友たちで、これも偶然お持たせにしてくれたもの。亀の形ですがふわふわで、間にバタークリームとレーズンが挟んであるちぎりパン。店は町の小さな洋菓子屋さん的ところです。

2

1. 重量級でおやつにも朝ごはんにもなる$8.99。2. 店名もホヌだから亀ベーカリー。カム・ショッピングセンター内。

ホヌ・ベーカリー
Kamehameha Shopping Center
1620 N. School St., Honolulu
808-842-1588 D2

1

SNACK.10

Kona Coffee Purveyors

こだわりのハワイアンコーヒーショップがサンフランシスコで超人気のベーカリー「bパティスリー」とコラボしている、なんとまあアップグレードな。とにかくここのクイニーアマンを食べずして日本へ帰りなさるな。バターたっぷりのパイの層をずしずしと噛みすすむとそこにはパイ蜜の塊がとろん。ああ口福。

1. これがそのクイニーアマン$5.5。
2. おしゃれな店内にはほかにもおいしいパンがいっぱい。インターナショナル・マーケットプレイス山側1階です。
コナ・コーヒー・パーベイヤーズ
2330 Kalakaua Ave. #160,
Honolulu 808-450-2364 <u>D4</u>

SNACK.11

Nanding's Bakery

ハワイに多くいるフィリピン系移民のパン屋さん。名物のスパニッシュロールは、バターが染み込んだ軽い生地の味ロールで、いかにも手作りな素朴さがかわいいやつ。手のひらサイズだから一気に3個は食べれて、いつも車中で完食。売り方も3個で$1.20と気が利いている上にやっす！

1. この金額設定はハワイ随一のお値打ち。2. 以前は、カリヒの店まで買いに行っていたけれど、今はカパフルにあるのでうれし。

ナンディングス・ベーカリー
3210 Martha St., Honolulu
808-367-1172　D5

AT THE SUPERMARKET
スーパーのお菓子

我が家は収納がないので、アメリカンなまとめ買いはせず、日々買い物へ行きます。そもそもスーパー好きだから買わなくても棚ショッピングするだけで楽しい。その中でも特に、お菓子の棚はじっくり眺めて新作や季節の限定ものを探す。いつも菓子箱のポップさにハッピー気分をもらい、その幸せをおすそ分けすべくお土産にイン。

Safeway セーフウェイ　2855 E. Manoa Rd., Honolulu　808-988-2058　B5
シリアル、地元のお菓子、ポテチ、クッキーなどの激戦区は動きも頻繁。自分の好みを知りつつも、他のお客さんが迷わず買っているなにかは目で追って、試すことで新たな発見も。最新の薄いオレオは早速お土産にして大好評でした。

Snack

Tap Bar & Speakeasy

タップバー&隠れ家バー

ハワイは今空前のクラフトブームです。ホームブリューイングの趣味が高じてというオーナーさんが多く、「飲んでくれてありがとう！」といった空気感が居心地いいの。

BAR.01

Paradise Ciders

カラフルなクラフトはビールじゃなくて、サイダー。でも日本のサイダーじゃなくていわゆる果実酒のこと。ベースはりんご、それにリリコイ、ドラゴンフルーツ、ライチー、グアバなどのハワイ産フルーツを組み合わせて常時12種類ほどを用意。ここは工場併設のタップバーだから搾りたてを飲める。シュワシュワ〜！

1. 私はサイダーを、看板犬のカヤはボールを離しません。2. 初めてならばいろんな味を楽しめるフライトがおすすめ。$8。3. カリヒまで行けない〜という方はレイロウでも飲めます！

パラダイス・サイダーズ 2003 Colburn St., Honolulu 電話なし <u>A1</u>

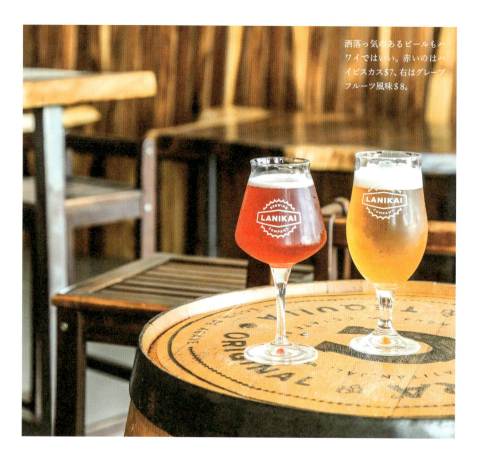

洒落っ気のあるビールもハワイではいい。赤いのはハイビスカス$7、右はグレープフルーツ風味$8。

BAR.02

Tap & Barrel
Lanikai Brewing Company

ラニカイと聞くだけでいいなあ〜と思うんだから、私もずいぶんすり込まれている。とはいえ、小さな醸造所はカイルア。見学と試飲を始めたら、あっという間に人気となり、現在ではタップバーも構えている。オーガニック製法なので要はエールなんだけど、軽くて飲みやすいのが特徴。サクッとビーチ後に。

タップ & バレル ラニカイ・ブリューイング・カンパニー
167 Hamakua Dr., Kailua 808-808-1234 E3

1. 樽出し中。お姉さんもタップで楽しげ〜。2. ブリューワリーもお店の並びにあり。徒歩1分。

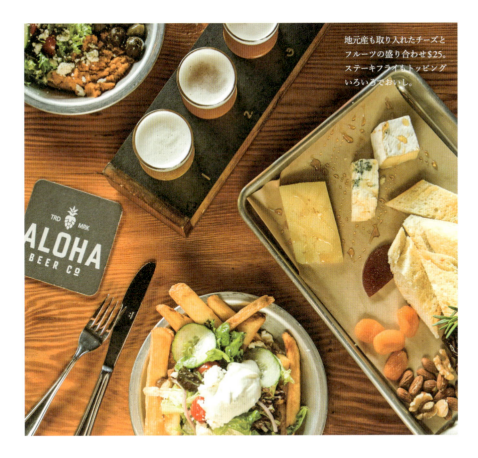

地元産も取り入れたチーズとフルーツの盛り合わせ$25。ステーキフライもトッピングいろいろでおいし。

BAR.03

Aloha Beer Company

ニュータウン・カカアコにあるクラフトビール専門店のひとつで、パイナップルロゴが目印。カフェっぽい店内と、カーポートと呼んでいる外席、そして醸造所が裏手にある、おしゃれなビアガーデン風。ダウンタウンでの仕事を終えたローカル客が多く、Bikiで乗り付けてひっかけて帰る人も。今っぽい〜と思いつつ、よく考えたらそれって日本の立ち飲み屋みたいじゃないか！

アロハ・ビア・カンパニー
700 Queen St., Honolulu 808-544-1605 B2

1.店の奥の黒板にその日のメニューが。会話を楽しみながらおすすめをきいてみて。2.2階には隠れ家バー「The Hi Brau Room」も。

BAR.04

Harry's Hardware Emporium

このお店の出現で、私はスピークイージーを知り、ときめいた。禁酒法時代の雰囲気を醸し出すなか、クラシックなカクテルを作り、酒のうまさを伝える。オーナーでバーテンダーのデイブさんの思うがままに客はこの空間に酔う。ハリーとはデーブさんの曽曽曽お爺様にあたる方で古き良き隠れ家酒屋の店主だったのだそうだ。

1. 電話番号にショートメッセージを送って予約。2. パイント&ジガーの奥にある、実は本棚が扉。

ハリーズ・ハードウェア・
エンポリアム
1936 S. King St., Honolulu
808-379-3887 C4

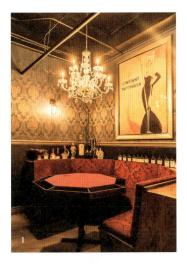

1. シャンデリアなどグラマラスな空間。2. デーブさんのカクテルはクラシックながらクラフト感もある。3. 食事も本格的だから夕方に一人で来る常連客も多い。4. 人気のフォーチュンクッキーカクテル、この日はライウィスキーとでた。$20〜。

BAR.05

Sky Waikiki

ワイキキパノラマビューを我が物顔で持つ。オープン以来、客足は増すばかりで予約しておかなければまず入れない。スカーッと抜けたフロアでは、飲んで食べて写真を撮って、ほんとみんな楽しそう。ってか楽しい。ワイキキで観光客に混じって"ザ・ハワイ"を満喫するのが私のストレス解消法なのだ。

スカイ・ワイキキ 2270 Kalakaua Ave., 19th floor, Honolulu 808-979-7590 <u>D4</u>

1. サンセットから星の出る夜まで、ずっと賑やか。2. トップ・オブ・ワイキキと同系列なので食事もちゃんと楽しめる。3. オープンとともに入店していい席を陣取り、サンセットを堪能。

BAR.06

The Backbar

でもって、表があんなにも盛り上がっているのに、奥にはこんなしっとり落ち着ける大人の隠れ家バーがあった。再三スカイに行っているのに全然知らなかったし！壁が秘密のドアだった。こちらの主はジェーンさんというできる女性。ミクソロジストとして数々の賞に輝き、最先端カクテルを作り出す。

ザ・バックバー　2270 Kalakaua Ave., 19th floor, Honolulu　808-979-7590　<u>D4</u>
1. ジェーンさんの名前を冠したリキュールもあるんだって。2. ロブスターロールやフライドチキンスライダーなどフィンガーフードが充実。3. スカイワイキキ同様、オープンなつくり。

MY DOG BELLE
ベルのこと
•

ハワイ生活の大半を一緒に過ごしてきた愛犬ベル。ボストンテリアのメス16歳、趣味ココナッツの皮剥ぎ、行きつけの場所はマノア小学校の公園とカハラビーチ。近所のおじいちゃんたち歴代3人に面倒をみてもらい、今はすっかり自分がシニアに。おじいちゃんたち、みんなあちらの世界に行っちゃったけれど、元気かな？ 亡くなったかわいいもう一匹の愛犬ブリと仲良くいてくれているだろうか？ ベルを飼ったおかげでたくさんのマノア住民と知り合うことができた。
なんてったって短足でよたよた歩くのがほんとおかしくて、みんなつい声をかけちゃうみたい。シンプルマノアライフを謳歌して長生き。トイレはマノアの芝生の上でしかしませんっ！ それさ、預けられなくてほんと困るから〜。

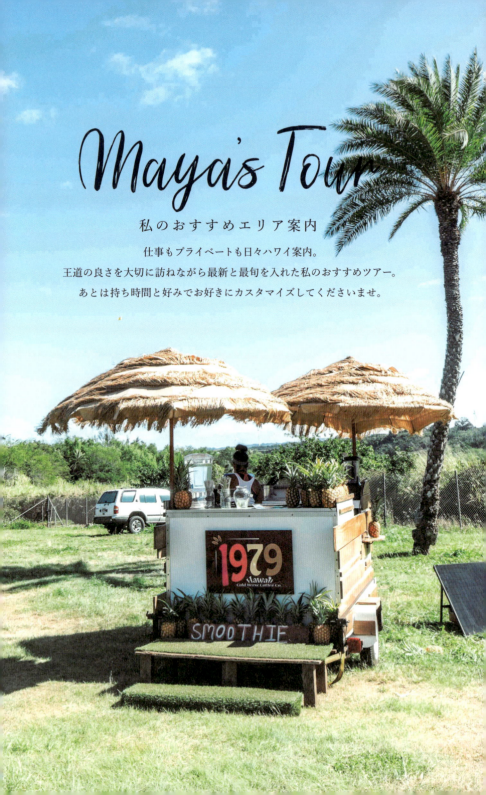

TOUR NO.01

旅のワクワクは北にある！
North Shore

ノースへの一本道をスーッと駆け抜け、正面に海が見える瞬間の高揚感、これこそがノースに来たーの醍醐味。いわゆるオプショナルツアーだと東周りなのでそれがない。それじゃあだめなの！レンタカー、バス、あるいはチャーターでH1からH2、そしてカントリーロードへゴー！

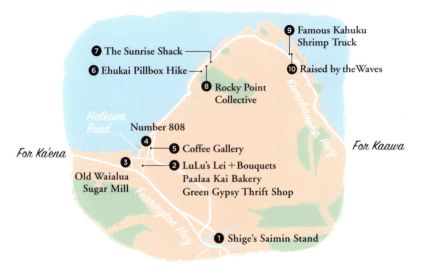

❶ Shige's Saimin Stand

とか言いながら、ノースの一本道に入る前に腹ごしらえを。有名シェフも訪れる自家製麺のサイミンは島で一番と呼ぶ声高い。ハンバーガーをスープに浸すのもお試しを。

シゲズ・サイミン・スタンド
70 Kukui St., Wahiawa 808-621-3621 D1

Maya's Tour

❷ Green Gypsy Thrift Shop

ハレイワの隣り、ワイアルアにあるスリフトストア。その中にはパワーストーンのショップもある。なぜか他店に比べてずいぶんと安い、このストーン屋が私のお気に入り。

グリーン・ジプシー・
スリフト・ショップ
66-935 Kaukonahua Rd.,
Waialua 808-366-4000　E1

❸ Old Waialua Sugar Mill

赤っちゃけた古い建物が猛烈にノースを感じる。サーフショップやオープンしたばかりのヴィンテージショップ、ファーマーズマーケットなど見所がたくさん。

オールド・ワイアルア・シュガー・ミル
Kealohanui St., Waialua　E1

❷ Lulu's Lei + Bouquets

ノースの田舎におしゃれなフラワーショップが昨年オープン。お花まわりの雑貨を買ったり、ノースでの撮影にハクレイを買ったり。

ルルズ・レイ＋ブーケ
66-250 Kamehameha Hwy.,
Haleiwa 808-366-4290　E1

❷ Paalaa Kai Bakery

スノーパフィーとレインボーゼリーを求めてはるばる行く。撮影の時はこれを買いたくてそわそわしちゃうほど。

パアラア・カイ・ベーカリー
66-945 Kaukonahua
Rd., Waialua
808-637-9795　E1

Maya's Tour

❹ Number 808

ここ数年のノースはいい店が豊作。なかでもここは、絶対寄ってほしいセレクトショップ。特にTシャツがかわいくてオススメ。

ナンバー808
66-165 Kamehameha Hwy. 4C, Haleiwa 808-321-1579 E1

❺ Coffee Gallery

ノースへの道のりはだいたい1時間。行きはよいよい、帰りねむ〜。特にロケ後はここでコーヒーを買ってから家路へ。

コーヒー・ギャラリー
66-250 Kamehameha Hwy., Haleiwa 808-637-5355 E1

❻ Ehukai Pillbox Hike

ピルボックス®人気半端ねぇ〜！ラニカイ、ピンクと制覇した人でもここは知らないかも。ノースの絶景独り占め！

エフカイ・ピルボックス・ハイク
59-178 Kamehameha Hwy., Haleiwa 電話なし C1

※ピルボックスとは戦時中に作られたコンクリートの陣地で、オアフ島の高台にいくつか点在するもの。

❼ The Sunrise Shack

ビーチ目の前ロケーションで、めちゃくちゃキュート。ヘルシーでおいしいスムージーやフードはドライブのお供にぴったりなんだけど、かわいい店では記念撮影をしたい。ぜひ、車を停めてイートインコーナーへ。店の裏はプルメリア畑なの〜。

ザ・サンライズ・シャック
59-158 Kamehameha Hwy., Haleiwa 808-638-0506 C1

ココナッツ、ブルーベリー、バナナがブレンドされたブルードリームボウル $11.95

❽ Rocky Point Collective

地元アーティストの作品系からアパレル、ジュエリーまでがずらっと。でもノースの友人の家に遊びにきたような雰囲気の場所で、飲み物の無料サービスまである。なんていい店なんだ〜。

ロッキー・ポイント・コレクティブ
66-437 Kamehameha Hwy., Haleiwa 808-342-4506 E1

Maya's Tour

⑨ Famous Kahuku Shrimp Truck

シャビーすぎてごめんなさい、でも本当にダントツおいしいから!と友人知人を連れて行っては喜ばれている。とにかくバターとガーリック量が大判振る舞いで、エビとご飯に染み染み。

フェイマス・カフク・シュリンプ・トラック
56-580 Kamehameha Hwy., Kahuku
808-389-1173　C1

バランスロック
大きな2枚岩に手をいれて願い事をすると叶うというパワスポ。今、メジャーリーグ大活躍の選手と一緒にきたよ、私(どや顔)!

⑩ Raised by the Waves

ノースのサーファーガールが昨年オープンしたカフェ。そんなのかわいいに決まってる!ヴィーガンメニューやおいしいドリンクが人気で早くもおしゃれインスタグラマー集いの場所に。

レイズド・バイ・ザ・ウエーブス
56-565 Kamehameha Hwy., Kahuku　電話なし　C1

TOUR NO.02

ローカル目線でゆっくり楽しむ
Kailua

新しいと古いがこんなにも居心地よく共存している場所があろうか。地元住民が普段着で訪れるスポットと、気取りなく洗練されたショップ。ここではウロウロ歩いて見て回るを、実践してほしい。体内にカイルアの空気を充電したら白い砂浜のビーチでのんびり。ローカル気分でね。

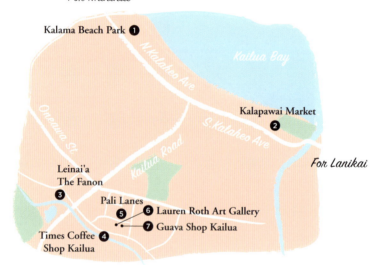

For Mahinui
1 Kalama Beach Park
Kailua Bay
2 Kalapawai Market
For Lanikai
3 Leinai'a The Fanon
5 Pali Lanes
6 Lauren Roth Art Gallery
4 Times Coffee Shop Kailua
7 Guava Shop Kailua
For Honolulu

❶ Kalama Beach Park

ラニカイは人が多すぎちゃってもう大変。「他にいいビーチないの?」と最近よく聞かれます。朗報です、あります。トイレ、駐車場も完備。ここも人増えそうだなあ。ビーチ幅広いのでね、皆さん散らばってくださいっ。

カラマ・ビーチ・パーク
248 N. Kalaheo Ave., Kailua
808-768-8980 D3

Maya's Tour

❷ Kalapawai Market

どこへ行ってもジェネラルストア的な店は必ず押さえておきたい。カイルアではここ。町の商店であり、オリジナルのおみやげが秀逸。

カラパワイ・マーケット
306 S. Kalaheo Ave., Kailua
808-262-4359　E3

❸ Leinai'a

昨年ワゴンから実店舗へ。おめでとう！真希ちゃんの溢れる才能が素晴らしいハワイ発のジュエリー。どれもほんとかわいいー。

レイナイア
35 Kainehe St. #101, Kailua
808-312-3585　E2

❸ The Fanon

レイナイアの中に秘密のアパレルショップ。サーフ＆ストリート＆ハワイミックスのTシャツは男女キッズ展開。お土産にグー。

ザ・ファノン　35 Kainehe St. #101, Kailua　電話なし　E2

❹ Times Coffee Shop Kailua

こんなにいい店なのに観光客をまず見かけない。安いおいしいサービスいいと三拍子揃う朝ごはんダイナーは深々と腰を掛けて落ち着ける。山下マヌーさん、赤澤かおりさんも大好きな店。

タイムス・コーヒーショップ カイルア 153 Hamakua Dr., Kailua 808-262-0300 E2

だしじょうゆ的な味わいが絶品！$10.50

❺ Pali Lanes

カイルアのランドマーク「パリ・レーンズ」。レトロなボーリング場は、外も中も最高のデザインでいいんだよね〜。でも現在存続の危機。お越しの際はカウンターで署名活動にご協力をお願いします！

パリ・レーンズ
120 Hekili St., Honolulu
808-261-0828 E3

Maya's Tour

❻ Lauren Roth Art Gallery

ハワイの草花を独特の明るさで描くローレンが待望のギャラリーをオープン。カイルアの思い出にぜひ、ひとつ。

ローレン・ロス・アート・ギャラリー
131 Hekili St., Kailua
808-439-1993　E2

カイルア在住のわんこかしらん。飼い主に扇風機を当てさせてセレブやのぉ。

❼ Guava Shop Kailua

ノースの有名セレクトショップがカイルアにも進出。何が違うかよく分からないけれど大好きな店なのでこちらもチェック。この道は小洒落たブティックが軒を連ねている充実のエリア。

グァバ・ショップ カイルア
131 Hekili St., #103, Kailua
808-262-9670　E2

TOUR NO.03

原風景の中、歴史と自然を感じて
East Coast

細い道をくねくねと行く、東海岸の変わらぬ自然と守られてきた歴史が残る風景は、どこか懐かしく満ち足りた気分にさせてくれる。ハワイアンの土地概念を表すアフプアアの標識やカメハメハ看板が指す史跡を見つけながら太古に思いを馳せて。昔ハワイいいなを再発見！

❶ He'eia State Park

魂が先祖たちのところへ旅立つ場所として信じられているハワイアンの聖地が公園として整備されている。フィッシュポンド、遠くにはサンドバーも見渡せる小さな半島。

ヘエイア・ステート・パーク
46-465 Kamehameha Hwy., Kaneohe
808-235-6509　D2

❷ Coral Kingdom

昨年20年ぶりに訪れてはまった。ドライブインとしてあるべき姿を残しつつ、おみやげ、ごはんが進化中！

コーラル・キングダム
49-132 Kamehameha Hwy.,
Kaneohe 808-239-4800 C2

セルフヴィンテージで登場のおみやげw。

6〜8月はホオマルヒア・ボタニカル・ガーデンの花が見頃。

❸ Hygienic Store

もう数えるほどしかないハワイのよろず屋「ジェネラルストア」のひとつ。インスタなどない時代からずっと映えてます。

ハイジェニック・ストア 47-528 Kamehameha Hwy., Kaneohee 808-239-8381 D2

❹ Paepae o He'eia

潮の満ち引きを利用して漁をするハワイの伝統的なフィッシュポンドが整備され復活している。自然の摂理に沿った必要分だけをいただくというエシカルな教えを生で学べる見学も可能。

パエパエ・オ・ヘエイア 46-077 'lpuka St., Kaneohe 808-236-6178 D2

年月を経て風雨で切り立ったコオラウ山脈。

Maya's Tour

TOUR NO.04

ハワイの旬はここから
Down Town

ワイキキとは違う活気がみなぎるダウンタウン。おしゃれピープルがここで働き、食べ遊ぶ。アートも、ヴィンテージも、ファッションも本物志向。時代に流されずハワイの今を発信する人々が年齢に関係なく輝く町は、本当に魅力的。ここに来るだけで元気をもらえる。人生を見つめ直すタイミングでハワイを訪れる人にはもってこいの場所ですよ〜。

❶ Tin Can Mailman

ハワイアナヴィンテージに特化した店。オーナーのこだわりが強いので、少しぴりっとした緊張感にしびれるよね、時々。ヴィンテージファンにはそれがたまらないんだと。いい物しかない。

ティン・カン・メイルマン
1026 Nuuanu Ave., Honolulu
808-524-3009 B2

❷ Lin's Lei Shop

友人のフラ先生に教えてもらって以来ダウンタウンでレイを買うならここと決めている。ディナー前にも寄れて便利。

リンズ・レイ・ショップ
1017 Maunakea St., Honolulu
808-537-4112 B2

❸ Feng Shui Arts & Gifts

風水マスター・マイケルがいるショップ。あまり有り難さが伝わらない人の良さが前面に出た風貌ですが、めちゃ当たる。当たるから怖くて一生診断は未体験。で、今年の運勢キーホルダーに頼りまくり。

フェン・シュイ アーツ＆ギフト
1023 Maunakea St., Honolulu 808-533-7092 B2

❹ Barrio Vintage

自分で掘りだすのも好きだけど、人のセンスで集められたものに出合うと新鮮で上がる！ムームーもアロハもブラッドリーのセレクトだと俄然ファンキーで今時。あと本土からのヴィンテージ流れがいいものあるんだ。

バリオ・ヴィンテージ
1161 Nuuanu Ave., Honolulu
808-674-7156 B2

ヴィンテージTシャツは$28〜

❺ Pegge Hopper Gallery

移住当初、ペギーさんの世界観に惚れ、20年経ち今さらにその良さを再認識。ハワイで暮らす女性がチャーミングに生き生き。ポスター、カレンダー、絵葉書、いつか原画がほ、ほ、欲しい。

ペギー・ホッパー・ギャラリー
1164 Nuʻuanu Ave., Honolulu
808-524-1160 B2

❻ Kukui Café

ダウンタウン歩きの拠り所となる香港カフェ。コーンビーフサンドにハニーレモンドリンクが最高においしい。前の道に怪しげなおじさんがいっぱいいるけど、危なくないので。

ククイ・カフェ
195 N. Kukui St., Honolulu
808-537-4528　A2

❼ Izumo Taishakyo Mission of Hawaii

ククイ・カフェで一息つくと窓から見える神社の姿。ヒップな町に中華系も日系もわさっといるフレンドリーさにハワイってほんと面白いなあと思う。仲良くできるお守りもゲット。

ハワイ出雲大社
215 N. Kukui St., Honolulu
808-538-7778　A2

TOUR NO.05

早起きしてガラクタ市へ
Aloha Stadium Swap Meet

週3回水、土、日の開催ですが、目指すは日曜。
しかも早朝。これ何？的な地元民の
ガレージセール的テントいっぱいでおかしいやら楽しいやら。
でもたまにすっごいものあるから！

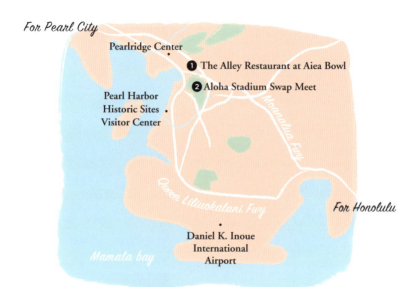

❶ The Alley Restaurant at Aiea Bowl

スワップミートで歩き回り、程よい疲れとストレス発散したあとに決まって来るのがボーリング場のレストラン。かたごとうるさいけど、ローカルなジャンクご飯がおいしく、癒される。

ザ・アリー・レストラン アイエア・ボウル
99-115 Aiea Heights Dr., Aiea
808-486-3499 D1

❷ Aloha Stadium Swap Meet
アロハ・スタジアム・スワップ・ミート
99-500 Salt lake Blvd., Honolulu
808-486-6704 <u>D1</u>

私の掘り出しトップ3は、ブルガリの時計（偽物かも〜）$75、ネイティブアメリカンラグ$45、シュタイフのテディベア$3。

LOVE WATER BOTTLES
水筒好き

常温のお水を飲むほうが体にいいに決まっている。でも、基本、汗をかきかき動き回っているし、キンキンに冷えた飲み物が好き。だってハワイの暑い日差しの中、氷が浮かんだひんやりドリンクは本当においしいんだもの。というわけで、水筒は必須。バッグといい、水筒といい、気がつけばエコの人みたいになってるけど、私の場合は好きだからたくさん集めて使っているだけ。時代よありがとうと言いたい。今回の撮影で並べてみたら、ヴィンテージのものは皆で飲む仕様で、現代のはお一人様仕様が多かった。これも時代ってやつなんでしょう。

スタンレーのネイビーブルーは
アイスにもホットにもコーヒー専用。

写真左から1.ワウワウレモネードのオリジナルメイソンジャー。2.ハレイワボウルズのオリジナルもメイソンジャー。3.スタバのクリアーカップは大容量で2代目。4.今ハワイで一番人気のYETI！これはノベルティーもの。5.水筒大旋風を起こしたのがハイドロフラスク。ホールフーズで購入。6.ブルーツリーのオリジナルは冷えるんだけど、けっこう汗っかきw。7.アラジンのは魔法瓶と呼びたくなる。ヴィンテージです。8〜10.はすべてサーモスのヴィンテージ。$10〜30くらいで購入して撮影小道具としても大活躍。本当はスープでも作ってキャンプとか行きたいけど、オアフ島は小さい島だからどこ行っても家に戻れちゃう距離。キャンプ全然行かないっすわ。もっぱら飾り。

Water Bottles

Souvenir

おみやげマニュアル

贈り、贈られると気持ちが通う気がします。おみやげは日本だけの習慣と思われているようですが、ハワイの人たちは日本の人以上にギフトを大切にしている。だからここにはおいしくて楽しくてかわいいものがいっぱい。

SOUVENIR.01

Sweet Brown Hawaiiのキャラメル

ハワイ産の食材も使用しながら作る旦那様、パッケージは奥様と、夫婦の共同作業で生まれた愛情たっぷりのキャラメルは$5でこのクオリティー。コスパとセンスが良すぎっ。

Sweet Brown Hawaii スイート・ブラウン・ハワイ　sweetbrownhawaii.com
＊ハイアット・リージェンシー・ファーマーズマーケット(D4)でも購入可能(木のみ出店)。

SOUVENIR.02

Aiea Bowlのソックス

Aiea Bowl アイエア・ボウル
99-115 Aiea Heights Dr., Aiea
808-488-6854　D1

ハワイだからつい裸足でボーリング場に来てしまった人用なんだけど、自販機でソックスを買うという行為にもうグッとくるはず。ロゴの色は赤とグリーンがあります$5。

SOUVENIR.03

Kahalaのチョコレート

The Kahala Hotel & Resort
ザ・カハラ・ホテル＆リゾート
5000 Kahala Ave., Honolulu　808-739-8888　D2

母の一言より引用「これ買っとけば間違いないやろ〜」とドヤれるおみやげナンバー1。カハラホテルの高級マカダミアナッツチョコ1/2 BOX $29と、チョコバーセット$10。

SOUVENIR.04

Pegge Hopper Gallery のカレンダー

Pegge Hopper Gallery
ペギー・ホッパー・ギャラリー
1164 Nu'uanu Ave., Honolulu　808-524-1160　B2

爽やかな風、ゆるやかな空気いっぱいのペギー・ホッパーワールド。日本に帰ってもハワイを感じてもらいたくて贈るカレンダー$30。特にハワイロスという持病を持つ友たちに。

SOUVENIR.05

Coral Kingdomの ウッドトレイ

Coral Kingdom コーラル・キングダム
49-132 Kamehameha Hwy., Kaneohe
808-239-4800　C2

ウッドトレイに描かれたエアーブラシのオールドハワイが懐かしい。最近の棚卸しで発見されたまさかのセルフヴィンテージ商品w。やはり奥深いなあ〜コーラル・キングダム。各$5。

SOUVENIR.06

DEAN & DELUCA Hawaii
The Ritz-Carlton Residences Waikiki Beach

ディーン＆デルーカ・ハワイ
ザ・リッツカールトン・
レジデンス・ワイキキビーチ
383 Kalaimoku St. 1F,
Honolulu
808-729-9720 D4

1.メッシュのトートバッグ$34。2.デニムにレザーハンドルのもの$49。ともにリッツ。3は火付け役とも言える、ロイヤルハワイアンセンター店のハイビスカストート$36。

ハワイ限定という言葉に揺れ動かないみやげ魂があるだろうか!?しかも個数も限定。つら〜。3のトートは朝並んで整理券を取って購入。5時には行かないと。みんな、ファイト！

SOUVENIR.07

My Manoa

マイ・マノア
www.mymanoa.com

1.パッケージがかわいすぎて開けられないのが悩み。2.アトリエを主宰するウエンディーが生み出すものやシンプルライフスタイルは同じマノア住民としてお手本。グァバ・ショップでも購入可能。

マノアのアトリエで手作りするナチュラル石鹸ブランド。しっとりとつるつるが手に入る本当にいいものだから自宅でも愛用している。ハワイウエディングのプチギフトにもいい。

1

SOUVENIR.08

The Fanon

自分が愛用しているから友達にも贈りたい。ハワイ入りした友人に初日に渡すおみやげ。おみやげとしてはルール違反だけど、これがなかなか合理的で喜ばれている。70'sなビーチサンダル。

1. 赤、青、黄の3色。すべて揃えたい。各$20。2.メンズのお土産で悩んでいませんか？ そんなお悩みを瞬時に解決のお店です。Tシャツもかわいいよー。

ザ・ファノン　35 Kainehe St., #101 Kailua　電話なし　E2

2

SOUVENIR.09

Leis Hawaii Popcorn Kitchen

ポップコーンブームにのってこんなキャッチーなのが登場。ノースショアまでわざわざ食べに行くガーリックシュリンプ味なんて、やるぅ〜。只今ロコモコ味も開発中。

レイズ・ハワイ・ポップコーン・キッチン
263 Kalihi St., Honolulu
808-376-0410 A1

1.ガーリックシュリンプ味はガーリックチップ入り。えらい！$5.50。2.ここは工場兼店舗。ワイキキショッピングプラザ1階の「サブライム」でも購入可能。

SOUVENIR.10

Kupulau

雑貨、コスメ、ジュエリーとなんでも扱うギフトショップ。地元の人が欲しいもの、そしてローカルさん同士で贈り合うものが見つかるように、というセレクトがユニーク。

クプラウ
808 Sheridon St. #306A, Honolulu 808-591-2123 C3

1.コースター各$6、栓抜き$17.50、パイナップルスプーンセット$16。2.ベトナム製のカゴバッグ$57。3.メイドインハワイのトート$24。4.お店はウォルマートのすぐ裏手にあるビルの2階です。

SOUVENIR.11

ユニバーシティ・オブ・ハワイ・マノア・ブック・ストア
2465 Campus Rd., Honolulu
808-956-9645　C5

1.キャンパスを訪れるのも楽しい。2.ブルーノかぶってましたー！レインボーキャップ$24.95。3.携帯の後ろに貼り付けるウォレット$4.95。4.カレッジノートは中高生にも喜ばれます$3.95(左)、$4.95(右)。

University of Hawaii Manoa Book Store

昨年ブルーノ・マーズが里帰りコンサートの際にハワイ大学グッズを身につけて登場したことから一気にスターダムへ。今最も旬なおみやげ。この機会に"UH"という呼び名もマスターして。

SOUVENIR.12

フィッシャー・ハワイ
950 Mapunapuna
St., Honolulu
808-524-8770　B2

1.カートで文房具ショッピングw！2.消しゴム、Thank Youスタンプ、ペイパークリップ。シャーピーは太さ＆色違いをサイン用に。いつ使うんだ!?

Fisher Hawaii

移住前に雑誌のハワイ特集を見て「行きたい！」といちばんひっかかった文房具屋さん。ていうか倉庫。ファンシーじゃないアメリカンなアイテムが大人にも喜ばれる。

SOUVENIR.13

Target Kailua

ターゲットカイルア　345 Hahani St., Kailua　808-489-9319　E3

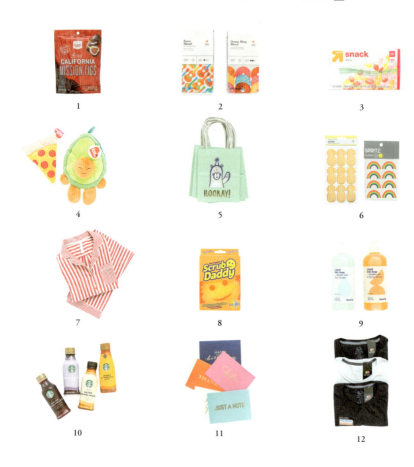

1. ドライフルーツが充実。乾燥フィグ（いちじく）$1.99。2. オリジナルブランドコーヒー各$7.49。3. 日本にはないスナックサイズは買い$3.49。4. かわいい愛犬に。ピザ$3.99、アボカド$5.99。5. あざらし紙袋$3。6. ハワイモチーフステッカー$1.99〜。7. プチプラなのに優秀なパジャマ$24.99。8. 用途いろいろスクラブダディー$3.99（P124も見てね）。9. パステルカラーの食器洗剤各$0.79。10. スタバの限定もの各$2.97。11. メッセージカードセット、50枚入り$9.99。12. fruits of the roomsのTシャツ各$5。

Souvenir

SOUVENIR.14

Longs Drugs Waikiki

ロングス・ドラッグス ワイキキ　2155 Kalakaua Ave., Honolulu　808-922-8790　D4

1.ほんとに効く！オキーフスのかかとクリーム$6.99。2.アイスブレーカーズのミント各$2.49。3.トフィーをチョココーティングしたヒース$5.49。4.矯正中でも使えるドクターズピック携帯用¢99。5.アメリカのアニマルクッキー・サーカス$4.99。6.バターモチミックス各$7.49。7.リッツの冬限定はスノーフレーク$5.29。8.定番も少しだけ変化球で。キャラメルマックチョコ$4.49。9.トロピカル味すごうまっ！トライデントのガム$3.99。10.ランチ$2.29とオニオン$2.19のディップ。11.ハートがかわいいCVSのシュガーフリーのど飴$1.99。12.CVSのビタミンCグミ$6.49。

SOUVENIR.15
Whole Foods Market Queen

ホールフーズ・マーケット クイーン　388 Kamakee St. #100, Honolulu　808-379-1800　C3

1. 365ミント$1.99。2. エバン・ヒーリーのリップ$8.99。3. たためるトート各$3.99。4. おいしい板チョコならXOXO $3.99とLily's $5.49。5. いくつあっても欲しくなる。エコバッグ各$24.99。6. スクラブマミーはここにいた（P122参照）$5.69。7. パルメザンクラッカー$8.99。8. フランキンセンス入りの石鹸$4.99。9. はちみつは定番（左$19.99）と最新（右$5.99）を。10. 疲れや凝りを解消のロールオン$9.49。11. エコバッグ$29.99（左）、$13.99（右）。12. おしゃれなおばちゃん目指して。キャリートロリー$29.99。

SOUVENIR.16

Walmart Honolulu

ウォルマート ホノルル　700 Keeaumoku St., Honolulu　808-955-8441　C3

1. 焼いたチキンにかけるだけ。フリフリチキンソース$3.98。2. 机にあると和むスタンプ。各$3.50。3. ミニレインボーマシュマロ$2.58。4. 90周年ミッキーとゴールドフィッシュのコラボ$2.98。5. ハワイで刺身は辛子醤油です。粉辛子$3.12。6. レトロパッケージのハワイアンアイスティーの素$1.48。7. 太っちょフラガールの栓抜き$4.97。8. パイナップルグミ$4.64。9. アイスにかけたり。リーシーズチョコソース$2.88。10. ワカモレミックス$1.28、オランデーズソースミックス$1.48。11. ポケミックスソルト$3.28。12. カップで作れるインスタントケーキ各$2.88。

Coffee

こだわりのコーヒー

毎日の生活を整えてくれるのが1杯のコーヒー。
自分で淹れる朝の時間も、家に来てくれる友人にふるまうときも
大切にしたいなあと集めたあれこれ。

1. モーニング・グラスのコーヒー講習会で教えてもらったクレバーコーン。最高の1杯ができる。
2. SowdenのソフトブリューはBBQ後に活躍。我が家は8杯用。3. 近所の教会のバザーで見つけた軽量スプーンはコーヒー専用に。4. 友人からいただいたケメックス。もったいなくてなかなか使えない。

お客様用にはこだわりのハワイアンコーヒーを。1.「ジョーンズ・カウ・コーヒー100％」はレイズ・ハワイ・ポップコーン・キッチン（A1）で購入可。酸味抑えめで濃厚。2.単一農園で収穫する「コナ・コーヒー・パーベイヤーズ（D4）」のコナ100％。ミディアムローストでいつもフレッシュに自家焙煎。4oz $18〜。3.エクストラファンシーは「アイランド・ヴィンテージ・コーヒー（D4）」のコナ100％が秀逸。4.「コナ・ローズ・コーヒー」はホールフーズ・マーケット（C3）などで販売している。5.ハワイ島でカフェを持ち、オアフのファーマーズマーケットにも出店している「デライト・マインド・コーヒー」のマウイ100％コーヒー。8oz $17。

普段はハワイアン・コーヒー・ブレンドで手をうつ。6.「ライオン・コーヒー」のグリーンは特別製法でアンチエイジング効果2倍とポリフェノールが豊富。7.「カラパワイ・マーケット（E3）」のコーヒーは、バラカ柄パッケージの可愛さに癒される。8.ホールフーズ・マーケット（C3）では、オーガニックものを買ってジップロックで保存。

1

2

3

4

5

6

1. 元気がでるメッセージマグは、ターゲットで購入。2. たくさん持っているミルクグラスの中でも特にお気に入り。3. Alohaとあればなんだってかわいい。ヴィンテージマグ。4. アイスコーヒーはウイリアムズ・ソノマで購入のコッパーマグで。5. ハワイでも人気のポーランドマグはTJマックスでお得に買いました。6. ダウンタウンにあるモールの、ノベルティーマグ。7. 友人からいただいたボストンテリアマグ。

7

Coffee

Analog Beauty

アナログビューティー

アメリカ人は生活まわりのアイテムが日本人の10分の1だそう。
特にビューティーは結果重視の合理的なものが多い。
私はそれに少しハワイを足して小ざっぱりとアナログに
基礎ケアを心がけています。

1. Jolenの眉毛ブリーチ。髪色に合わせて自宅で眉毛の色を整えます$6.19。2. Glideのデンタルフロス。つるんと滑りよく取れる。これを使い出したら他、使えないから！$2.49。3. コクアマーケットで購入しているHerbal Savvyのクリーム。かかとに。$5.49。4. Degreeのディオドラント。箱入りのクリニカルと書いてあるものが優秀です。加齢が気になるお父さんのお土産にも◯ $9.49。

5. Dr.Teal'sのエプソムソルト。お風呂には必ず入れて筋肉弛緩と発汗で元気復活。$5.99。6. Coconut Oil。お風呂上がりの濡れた体にぬってタオルで拭き上げ。$9.99。7. Baking Powder $2.99とHawaiian Salt $3.99を20対1くらいの割合で混ぜれば自家製歯磨き粉の出来上がり。ベーキングパウダーはアルミフリーを使用のこと。ツルツルになります。8. ジンジャーのシャンプー＆リンス各$6.99。

Day Trip

私の旅気分

撮影であらゆる場所に行くけれど、個人的に訪れるとまた違う顔が見えてくる。自分の心持ち次第ということかもしれないなあ。ふと出かけたいと思う場所はゆったりとした時間が流れる大きく深呼吸のできるところ。

TRIP.01

The Liljestrand House

ハワイを代表する建築家オシポフが設計した個人宅のマスターピース。大きな庇に縁側など光と影を取り込み、自然を抱え込む大きなおうち。こんな家に住みたい〜！と何度心の中で叫んだことか。幾度となく訪れても毎回感動する。ハワイの風と光をいっぱい吸い込んでパワーチャージ。

1. オシポフが感銘を受けた谷崎潤一郎の「陰翳礼讃」。その美意識がここにはある。2. ダイヤモンドヘッドを背景にもつプール。3. 日本からの職人さんが作った本棚がある書斎。

ザ・リジェストランド・ハウス　3300 Tantalus Dr., Honolulu　808-537-3116　liljestrandhouse.org　A4

TRIP.02

Shangri La

国宝級のイスラム美術を集めた大富豪ドリス・デュークの邸宅。新婚旅行で訪れたハワイに魅せられ、ここに毎年戻ってきたいと願ったドリスの思いは私たち庶民と同じ。世界一の道楽と言われるイスラムアートは素晴らしい！でもそれ以上に、生活を基盤にした美術館の特異な存在感、そしてここから眺める大きな太平洋はいかにこの地を自分の視点で楽しむかを教えてくれる。

シャングリラ　住所非公開　予約はホノルル美術館
808-532-3853　www.shangrilahawaii.org　E6

1.ラナイにつながるダイニングルーム。バカラのシャンデリアが眩しいー。2.昔は外しか写真が撮れなかったけれど今はどこでもOK。

TRIP.03

Kahala Beach

散歩の延長ではあるけれど、ベルを車に乗せてマノアの谷底からきらきら眩しい砂浜に着けば、あ〜私はハワイに住んでいるんだなあと実感できる。暑い日には海で泳ぐし、涼しいときはのんびり海岸線を歩いて私は貝を拾い、ベルはココナッツを見つけてただただひたすら皮をむしってのどをつまらせる。だから気をつけてってば！何をするではなくだらだら海を感じて。

カハラ・ビーチ
Kahala Ave., Honolulu 808-732-5233 D2

1. 美しい海で遊ぶよりココナッツ探しに忙しいのね〜ベルさん。2. ビーチにいる人たちののんびりな様子を見るのもすごく好き。

TRIP.04

Tantalus Lookout

マノア住民だから、タンタラスの頂を眺めながら生活しています。そして時々上から目線を味わいたくなる。特に原稿書きの最中なんて何度も見上げてため息。もうエイッと思い立って行っちゃうんです。車で10分、山頂の公園へ。遮るもののないホノルルを一望して気分転換完了。もちろんディナーのシメに友人達と行く夜景も大好き。

1. ダイヤモンドヘッドを目線にとらえていい気分。展望台が開いているのは昼だけ。2. 夜景を見に行こう！ってなんていい響きだろう。

タンタラス・ルックアウト
Puu Ualakaa State Park, Round Top Dr., Honolulu 電話なし B4

Day Trip

TRIP.05

Haiku Garden

カネオヘにあるコオラウ山脈の麓に位置する隠れた絶景スポット。ですが、シーフードやステーキが楽しめるレストラン、ハレイワ・ジョーズ・カネオヘ店があり、トロピカル・ウエディングのデスティネーションとして、ローカルには人気。駐車場完備、散策路もあるのでドライブ途中に立ち寄って。

1. 緑に囲まれた水上ガゼボがロマンチック。2. ハレイワ・ジョーズへは、この景色を拝める日曜のブランチがおすすめ。

ハイク・ガーデン
46-336 Haiku Rd., Kaneohe
電話なし　D2

Day Trip

でもやっぱりハワイだよね。
ヤシの木シルエット最高！

TRIP.06

Kaka'ako Waterfront Park

ビーチに座って眺めるサンセットと、もうひとつ違うサンセット。芝生の土手に座って海が見える景色は原風景のように感じられ、大きな太陽が沈んでいこうものなら涙が出そうになる。日本人だからかなあ〜。最近ではウエディングのサンセットスポットとして人気でカップルさんも多く見かける。お幸せに〜。

カカアコ・ウォーターフロント・パーク
102 Ohe St., Honolulu　808-594-0300　C2

TRIP.07

Manoa Chinese Cemetery

マノアの奥にある中華系移民の方々が眠る大きな墓地ですが、アメリカらしく芝生の合間に墓碑があり、知らないと、公園かしら？ の趣き。知り合いは一人も入っておりませんが、よく来る。マノアの谷を感じ遠くにワイキキビル群を眺め、気分は「風の谷のナウシカ」。

1. 遠くにワイキキ。生活をする上でこの距離感がとってもいい。2. 時々ティーンエイジャーのカップルがいちゃいちゃしている。こらこら。3. 緑がいっぱいのマノアとタンタラス。

マノア・チャイニーズ・セメタリー 3225 Pakanu St. / 3440 E. Manoa Rd., Honolulu 電話なし A5

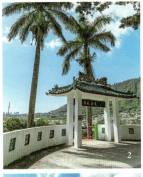

TRIP.08

Sand Bar

ハワイには有名な観光地は数あれど、ここは特別。潮の満ち引きでその姿を変える海の中にぽっかりと浮かぶ砂州は、ハワイアンの聖地とも言われている。海の青がグラデーションでゆれる様は美しくて眩いばかり。そしてアクティビティーもいっぱいで楽しいの。

1. 一番のおすすめはKBOSのサンドバーツアー。2.ウミガメとハートのサンゴに会いに行く。

サンド・バー <u>D2</u>

Day Trip

Hotel

ローカルのホテルづかい

ハワイのホテルが持つオープンなおもてなしの空気に癒されます。
私もこんなふうに人を招きたいなあと学ぶと同時に、
日本から来る友人や地元の友人との仲を深めるべく
ハレの日の食事をしたり、時には宿泊も。

ペットもオッケーのホテル
だからローカルにも人気。

HOTEL.01

The Kahala Hotel & Resort

アメリカのおうちは大きいってのは、本土のお話で、地価の高いハワイでは小さな家にみんな肩寄せ合って住んでいる。だから、もし自分が泊まるなら、部屋が広くて、洗面台が2つあって、ラナイがあるホテルがいいなあと、カハラを思い浮かべる。アスリートの友人はそんな私の話を聞いて宿泊し、大きな気持ちになれていいねと大絶賛。好物・プルメリアでの朝ごはんをご馳走してくれた。

カハラ・ホテル&リゾート
5000 Kahala Ave., Honolulu 808-739-8888 D2

1. 広いだけじゃない。居心地がとってもいい客室。2. ベルと一緒にイルカを眺めるお部屋に泊まるのが夢。

Hotel

HOTEL.02

Prince Waikiki

2017年に大変貌を遂げ、俄然注目の的。ヨットハーバー越しのインフィニティープール、この地の歴史を紐解きデザインされた客室やロビー。大きな窓から見える開業以来変わらぬ風景さえも、より輝きを増したよう。波の曲線が美しい水平線を眺めながら朝を迎え、サンセットを待つ。だって全室オーシャンビューですよ!

1. 部屋全体がサンセットに染まる時間こそお部屋で過ごしたい。2. 光と遮光のコントラストが本当にドラマチック。

プリンス ワイキキ
100 Holomoana St., Honolulu
808-956-1111 C3

1.仕事を持ってハワイ入りする不届きな友人たちにはデスク仕事が叶うこのタイプをおすすめ。2.フロントスタッフのお仕事がとてもテキパキなのが嬉しい。3.マリエのアメニティーも嬉しいのだ。

1．プールからの眺めは180度の大パノラマ。2．クラブフロアに宿泊の方のラウンジサービス。フード充実すごっ！3．絵になる俯瞰図。上から見るとみなさんきわきわですよ〜。4．ハッピーアワーがまたお得なの。ドリンク＋フードで$10以下。5．ラウンジからのハーバービューもオツ。6．マノアのご近所さんはみなハレの日はプリンスのブッフェ。7．なんと昨年プール横のカバナがスパとしてオープン。8．ブッフェの中に大好物カウアイシュリンプがある。幸せ。9．ビールで乾杯！しかも地ビール。

Hotel

フォトジェニックすぎるインフィニティープール。

近所の小学生の演歌発表会の打ち上げも、近所のおじいちゃんの88歳の誕生日もこの場所でした。ローカルにずっと愛されているレストラン「100 Sails Restaurant & Bar(C3)」。

ビルの谷間と思えないオアシスっぷり。

HOTEL.03

The Lay Low, Autograph Collection

ハワイアナとミックスしたミッドセンチュリーがかっこよくもメロー。ワイキキの中通りで海が見えるわけではなくとも、おしゃれ具合がこのぐらいののんびりモードに後押しされていたらパラダイス感が増す。そのせいか、在住の友人たちのステイケーションとしてもよく利用されているし、私はそんな友を訪れてホテル時間を楽しんでいる。

ザ・レイロウ オートグラフ・コレクション
2299 Kuhio Ave., Honolulu 808-922-6600 D4

1. インターナショナル・マーケットプレイスのお隣りです。2. モンステラのヘッドボードが主役の客室。

Hotel

1 2 3
4 5 6
7 8 9

1. おしゃれホテルだけあって世の流れには敏感。コーヒーはサードウェーブ系。2. みんなが会いたいと熱望するフラガール軍団はフロントにいます。3. 午後には無料のシェイプアイスでひんやり。4. 朝から晩まで営業しているレストラン「Hide Out」。5. よく行っています！カウンターで飲むカクテルがおいしいの。6. ヘルシーもがっつりも用意周到なメニューでさすがです。7. ギフトショップではロゴグッズを探して。8. グリーンを多用して気持ちよい空間になっている。9. こんな椅子欲しいんだってば〜って箇所が多数あり。

HOTEL.04

Queen Kapi'olani Hotel

ワイキキにあるホテルはどこも悠々と横たわるダイヤモンドヘッドを眺めに取り込むがため、趣向を凝らし設計されている。でもここではそんなの関係ねー！だってもうすぐそこ、全貌を我が庭のように眺めることができる。私にはヘッドファンの友人が多く、そんな彼らは改装し、更にいい感じになったここを定宿とし、部屋もヘッドビューを指定。寝ても覚めても見てたいんだと。

クイーン カピオラニ ホテル
150 Kapahulu Ave., Honolulu 808-922-1941 D4

1. ビーチが近いのでプールチェア争奪戦はなし。2. 上からプールの混み具合をチェック、席取り係のお父さんに優しいホテル。

1. クイーンの名前を冠したホテルですもの。王族の肖像画もディスプレイ。2. フロントは車寄せのすぐそば。3. サーフカルチャーへの敬意も忘れません。4. 空間ひろびろ。のんびりできるスペースがあちこちに。5, 6. モダンハワイアンカルチャーを取り入れた雰囲気もいいね。

1.スイートのラナイがすごい！今夜はパーリー!? 2.部屋は広く長期滞在も視野にいれたつくりでキッチン付きもあり。3.アメニティーはハワイアントロピックス。4.窓がいっぱいのコーナースイート。

Hotel

観光地だけれど、山と緑いっぱいの公園を持つ町。そんなところが愛すべきワイキキです。

HOTEL.05

Waikiki Beachcomber by Outrigger

文句のつけようがない立地で買い物、ビーチ、食事と、ワイキキをひたすら楽しめる。上に！おしゃれに改装してなんという洗練っぷり。客室は輝く景色とサーフアートを飾って外との一体化を図る演出が。実はここ私のハワイデビューホテル。そしてハワイが生んだスーパースター、ブルーノ・マーズが初舞台を踏んだ場所でもある。

ワイキキ・ビーチコマー・バイ・アウトリガー
2300 Kalakaua Ave., Honolulu 808-922-4646 <u>D4</u>

1. デラックスオーシャンビュールーム！ 2. カフェ＆バー併用で、使い勝手がいいハワイアンアロマカフェ。

1. タブはないけど、ローブはある。編集赤澤さんお気に入りのプリント。2. ロビー階にはハワイアン・アロマ・カフェが早朝からオープン。3. あの当時、ちびブルーノと同じ景色を見ていたのかと感慨深い。4. 各階にハワイ原生のお花の壁。かわいい。

Hotel

HOTEL.06

The Breakers at Waikiki

私の憩いの場所。支配人さんを知っているのをいいことに、撮影の空き時間などに立ち寄っては無料のコーヒーをよばれ、世間話を楽しむ。プールサイドがもう最高にくつろげる空間で、常連さんの多いホテルではスタッフもゲストもみんな仲良し。今ではもう数えるほどしかないオールドハワイな造りは低層2階建で、ひとけを感じるほっこり加減。一人ステイにも居心地がいい。

ザ・ブレーカーズ・アット・ワイキキ
250 Beach Walk, Honolulu 808-923-3181 D4

1.プライバシーとかいらないの。ハワイ生活を楽しめるホテル。2.無料のコーヒーコーナー。お賽銭箱を置いてほしい。

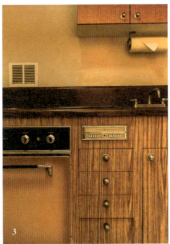 

1．看板猫のマイレ。常連さんはこの子を部屋に連れて行ける。2．旅の友が一生の友になるなんて素敵だな。3．全室キッチン付き。しかも渋いやつ。4．電話だってこの通り。お庭のハイビスカスと。

昔はこちらが正面だった。このロゴが好き〜。

HOTEL.07

The Royal Hawaiian, a Luxry Collection Resort

ヤシの木がたくさんの中庭、それを眺めるパティオ、長い廊下に、外と中のコントラストが印象的な回廊など、ホテルの余白がたくさんあって、本当に贅沢だなあ。そのどれもが楽園を見せつけるんだもの、あっぱれ！朝ごはん、ランチ、ディナーといろいろ行くけれど最多はマイタイ バー。体中がハワイ！ハワイ！となる魅惑のスポット。

ロイヤル ハワイアン ラグジュアリー コレクション リゾート
2259 Kalakaua Ave., Honolulu 808-923-7311 D4

1.博物館ピースの地図。伝統とリゾートとのバランスは拍手もの。2.お部屋はシックなトーンで統一されている。

ピンクパレス込みで眺められるワイキキビーチは最高です。

マイラニタワーに宿泊するとこの写真が撮れる！

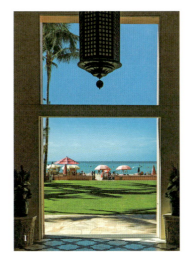

1. ロビーから海へ。この象徴的な景色よ。2. 少し前にできたベーカリーもおすすめ。3. 時間が経つのを忘れるサーフ ラナイでのランチ。4. 常連さんのネームプレートがついたカウンター席でパイナップルの器に入れたロイヤル・マイタイを。せっかくだからピンクを着て。

Hotel

Hawaii's Cooking

ハワイの家庭料理

文集のように綴じたローカル料理本が素朴でかわいくて
おいしい。そのレシピと、ご近所さんの得意料理、
手抜きオリジナルの合わせ技で「時々主婦」をやっています。

COOKING.01

からし菜のお漬物

材料

キャベツ … 1個

からし菜 … 2束

ハワイアンソルト … 適量

つけだれ

 めんつゆ（2倍濃縮）… 1と1/2カップ

 酢 … 3/4カップ

 三温糖 … 1と1/2カップ

 炒りごま … 小さじ2

 スライスしたハワイアン

  チリペッパー … 2個分

 みりん … 1/4カップ

 醤油 … 1/4カップ

1 野菜をすべて食べやすい大きさに切って、軽く塩をふって3時間ほどおく。
2 つけだれの材料をすべて鍋に入れ、ひと煮立ちさせて冷ましておく。
3 野菜の水けを手で絞ってジャーに入れ、**2**のつけだれを流し込む。
4 ひと晩常温でおき、翌日からは冷蔵庫へ。

Tsukemono、Kokko（こうこ）などといった言葉が通用するハワイ。日系人の漬物文化は忙しい主婦にはうれしいくらいシンプルに改良されていておいしい。生活の知恵と文化のハイブリッドをぜひ楽しんで。

COOKING.02

ツナ瓶

メイソンジャー（8oz）1個に対し、生のマグロをいっぱいまで詰める（約220g）。そこに塩を小さじ1加えてフタをする。圧力鍋に入れ、蓋より気持ち下くらいまで水をはる。火にかけて1時間45分でできあがり。

お魚をたくさんもらった時に作り置き。1年はもつから日にちを書いておくのにもメイソンジャーってほんと優秀だなあと感心してしまう。縁と蓋が分かれるタイプを使用のこと。

サラダに入れたり、サンドイッチにしたりとツナ缶と用途は同じなんだけど、味が全然違う！

COOKING.03

スパムむすび

スパム1缶を8枚くらいにスライスし、フライパンで焼き目をつけて醤油と砂糖で好みの味にととのえる。

　海苔を敷いてご飯、スパムをはさんでできあがり。

砂糖醤油を甘めに作って、梅干しやたくあんを入れてもおいしい。帰国日の友人知人たちに持たせることも多い。

　あ、すみません。早朝便の方にはそのサービスは行っておりませんw。

COOKING.04

コーンビーフ

どこのスーパーでもコーンビーフ（塩漬け肉）として、缶詰ではない真空パックのものが肉売り場にあるのでそれを使います。

　鍋に肉を入れ、ひたひたの湯をはって肉と一緒についてくる調味料を加えてコトコト数時間煮込むだけ。肉を取り出して、野菜は好みの加減に煮込む。

ハワイの冬は11月くらいから。時々びっくりするくらい寒くて、ブーツを履いてでかけるような日にコーンビーフを作ります。あとは3月のセントパトリックスデーにも。

COOKING.05

グラノーラ

材料

オートミール … 320g
アーモンドスライス … 50g
ココナッツフレーク … 50g
砂糖 … 40g
サラダ油 … 50g
はちみつ … 大さじ3
メープルシロップ … 大さじ3
シナモンパウダー … 小さじ1/2
バニラエッセンス … 小さじ1/2
コーシャーソルト※ … 小さじ1/2
ドライフルーツはお好みで。

※コーシャーソルト＝ジューイッシュの人たちが料理に使う塩。粒が大きめでマイルドな味わい。天然塩でも可。

1. 調味料をすべてよく混ぜ合わせたところに、オートミール、アーモンドスライス、ココナッツフレークを入れてまんべんなく混ぜる。
2. オーブンシートに**1**を広げて、150℃で25分焼き、一度取り出して混ぜる。さらに15分ほど焼く。
3. 焼きあがったら、ドライフルーツを混ぜてできあがり。

小さなギフトとして喜ばれるし、自宅用にもよく作る。分量がかなりよくできているのは大分のお料理の先生、美砂さんのレシピだから。

※オーブンはアメリカ製のものを基準にしています。ご自身のオーブンに合わせて温度や時間は加減してください。

COOKING.06

オノプレッツェル

材料
ハニープレッツェル
スティック … 10 oz（約283g）
ポップコーンオイル … 8 oz（約226g）
ランチディップ
ミックス（P123）… 1袋
ディル … 大さじ1
ガーリックパウダー … 大さじ1

1. ボウルにプレッツェルを入れ、オイルを回しかけて、全体に油がつくように混ぜ合わせる。
2. 残りの調味料を合わせて**1**に加え、よく混ぜて5分おいてから再度よく混ぜる。
3. オーブンシートに**2**を広げ、約160℃のオーブンで15分焼く（途中に一度、焼きむらにならないように混ぜて）。
4. 冷ましたらできあがり。

日本への帰国の前日に作りジップロックに入れてお土産にするほど地元の家族や友人に好評のスナック。味気ないプレッツェルがめちゃくちゃおいしくなる究極のセミホームメイドレシピ。

COOKING.07

ブルーベリーチーズケーキ

材料

生地	バター … 90g
	砂糖 … 1/3カップ
	小麦粉 … 2と1/2カップ
	ベーキングパウダー … 小さじ1/2
	サラダ油 … 90g
フィリング	クリームチーズ … 1箱(8oz/226g)
	サワークリーム … 280g
	砂糖 … 1/2カップ
	ホイップクリーム … 3カップ
	ブルーベリー缶詰 … 2カップ

1 生地の材料をすべて混ぜ、22×33cmサイズの型に敷き詰める。
2 150℃のオーブンで15分焼いて、冷ましておく。
3 常温に戻したクリームチーズにサワークリーム、砂糖を入れて泡立て器でよく混ぜる。
4 **3**にホイップクリームを混ぜ、**2**にのせて冷蔵庫で5時間冷やす。
5 仕上げにブルーベリーをのせる。

ローカルに愛されているブルーベリーチーズケーキ。あまりのおいしさにレシピをご近所さんに聞いたら門外不出とのこと。でも秘密にしてね、と言いながら伝授してくれた。なのにここで出すという。日本語だから、いいかなって。

COOKING.08

ローカル枝豆

オイルにガーリック、塩、胡椒、ハワイアンチリペッパーやハーブを入れてさっと炒めた中に5分ほどゆでた冷凍枝豆を入れてあえる。

コンドミニアムクッキングには持ってこいのつまみ。ローカルの居酒屋にいくと必ずある味付き枝豆。移住する前は思いもつかなかったけど、今となっては断然ハワイ流が好き。

　ナンプラーを入れてタイ風にしたり、ブラックビーンズで中華風にするなどのアレンジも自由自在。

COOKING.09

レッドサーモンの缶詰

レッドサーモンの缶詰を皿に移し、スライスした玉ねぎをのせるだけ。最後にアロハ醤油を。

料理名に缶詰とつけてみました。あはっ。ローカルの友人に教えてもらって以来我が家の大切なおかずとして長年活躍している。普段は、大切に地元から抱えて帰るカトレア醤油しか使わないけれど、この料理の時だけはさらっと薄味のアロハ醤油が抜群に合う。これのためだけにパントリーにいるアロハ醤油です。

COOKING.10

グリルドチーズサンド

バターをフライパンかバウルーに溶かして食パンをおく。レンジで少し溶かしたチェダーチーズを食パンに多めにのせ、もう一枚食パンをのせる。あとは両面に焦げ目をつけるだけ。

パンとチーズだから簡単だし、ほんとにおいしい！
　チェダーチーズは日本では馴染みがないけれど、こちらではどのスーパーでも売っているので、ぜひ滞在中コンドミニアムで試してほしい。濃厚でぴりっとおいしいの。執筆中なんて時間ないからこればっかり。

COOKING.11

マッシュルームクラムチャウダー

キャンベルのクリームオブマッシュルームスープにお好みで牛乳を加えて温め、バターでさっと炒めたあさりの缶詰を混ぜてできあがり。

あっという間にできるので本当に重宝している。キャンベルはかわいいし、何かと便利ですが、少々塩きつめ。基本、何かと混ぜて調理するといい具合になる。トマトスープにはザクザク切ったトマトを入れたり、ヌードルスープにはキャベツを入れたり。

COOKING.12

クレソンとルッコラのピーナッツバターナムル

クレソン、ルッコラに沸騰したお湯をかけて絞り、ごま油、ピーナッツバター、ハワイアンソルト、ごまで味を調整。

ささやかな家庭菜園でも失敗なく育ってくれるクレソンとルッコラ。ハワイだからか味も濃くて緑つやつやでおいしいうえに大量に育つため、たくさん食べられるナムルにしています。ピーナッツバターを入れてアメリカンに。

COOKING.13

ヤムポテトサラダ

材料
ヤム芋 … 1個　　ゆで卵 … 2個
オリーブ … 適量　　マヨネーズ … 適量

ヤム芋をゆでてつぶす。そこにざく切りにしたゆで卵と輪切りにしたオリーブ、マヨネーズを入れて混ぜてできあがり。

オレンジ色がきれいなヤム芋は食卓に花を添えてくれる。友人たちとのBBQの際に作って喜ばれています。

COOKING.14

ハニーレモン

マイヤーレモンをスライスしてはちみつを入れるだけ。メイソンジャーがいい。

庭のマイヤーレモンが背は低いのにたくさん実をつける。贅沢に皮をむいて、レモンは絞らない。そうするとまろやかにできあがるので、炭酸水で割ったり、カクテルにしたり口当たりがいい。
BYOBの店に持参することも。

COOKING.15

生ハムパパイヤ

パパイヤを半分に切って、生ハムをのせてレモンを絞る。

朝の生酵素としてパパイヤはよく食べます。完熟のパパイヤはものすごく甘いので、生ハムの塩気とあわせるといいおつまみに。メロンよりパパイヤがタイプ。

COOKING.16

バターもち

材料
バター … 1カップ
砂糖 … 3カップ
もち粉 … 3と1/2カップ
ベーキングパウダー … 小さじ3
バニラエッセンス … 小さじ1
卵 … 4個
ココナッツミルク … 1缶
牛乳 … 2カップ
ぶどう … 適量

1　バターと砂糖を混ぜ、ぶどう以外の材料も加えてよく混ぜる。

2　22×33cmの型に**1**を流し込み、175℃に余熱しておいたオーブンで1時間焼く。途中、お好みでぶどうをのせる。

ローカルおやつのバターもち。その響きがかわいくて大好き、味も大好き。スーパーでもベーカリーでも売っているハワイ生まれのおやつだからレシピもたくさん。私も数種類手持ちがあって、その時々の気分で軽めから濃厚までを作り分けている。これは中間レシピです。

Japan — *Hawaii*

JALで行くハワイ

2019年2月ハワイ就航から65年を迎えたJAL。コードシェア便を含め、成田、羽田、札幌、中部、関西からホノルルへと毎日12便を、コナへは成田から毎日1便、羽田からは水、金、日に1便と、充実の運行を誇る。年間を通してハワイの地を賑やかにするイベントも目白押し。イベントに参加するもよし、ゆっくりしに行くもよし。思い立ったらいつでもハワイ。だって毎日、日本の各地からこんなに運行しているんですから。

https://sp.jal.co.jp/inter/route/hawaii

《 JAL年間イベントスケジュール 》

4月・APRIL
ハパルアハーフマラソン

JALホノルルマラソンの魅力をギュッと凝縮した21kmのハーフマラソン。JAL便を利用の場合はエントリーが割引に！

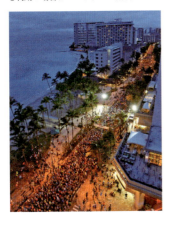

5月・MAY
ホノルルトライアスロン

時間制限なしだから初心者にも安心のトライアスロンとして人気。JALでは自転車無料運搬サービスも（期間限定）。

9月・SEPTEMBER
ホノルルセンチュリーライド

ダイヤモンドヘッドからハワイカイ、マカプウなどの海岸線など、美しいコースを走行。2019年は9月29日開催！

10月・OCTOBER
フラ・ホウラウナ

ロイヤルハワイアンのココナッツグローブにて開催される日本のハラウによるフラコンペティション。10月4〜7日開催。

12月・DECEMBER
JAL ホノルルマラソン

今年で47回目を迎える一大イベント。2019年は12月8日。JALマイル利用のエントリーなど特典もいろいろあり。

INDEX

Waikiki ワイキキ

Island Slipper アイランド・スリッパ	P28
Popits Hawaii Waikiki ポピッツ・ハワイ ワイキキ	P28
Fighting Eel ファイティング・イール	P28
Free People フリー・ピープル	P29
Anthropologie アンソロポロジー	P29
Number 8 ナンバー8	P30
Philip Rickard Honolulu フィリップ・リカード・ホノルル	P30
Carludovica カールドヴィカ	P31
Kate Spade ケイト・スペード	P31
DEAN & DELUCA Hawaii The Ritz-Carlton Residences Waikiki Beach ディーン&デルーカ ザ・リッツ・カールトン・レジデンス ワイキキビーチ	P31、118
Sweet Home Cafe Wikiki スイート・ホーム・カフェ ワイキキ	P36
Island Vintage Coffee Royal Hawaiian Center アイランド・ヴィンテージ・コーヒー ロイヤルハワイアンセンター	P37、77、128
Michel's at the Colony Surf ミッシェルズ・アット・ザ・コロニー	P40
Ruth's Chris Steak House Waikiki ルースズ・クリス・ステーキ・ハウス ワイキキ	P41
Deck. デック	P52
Duke's Waikiki デュークス・ワイキキ	P54
Iyasume イヤスメ	P67
Ookini オオキニ	P68
Henry's Place ヘンリーズ・プレイス	P69
ABC Stores エービーシー・ストアーズ	P76
Kona Coffee Purveyors コナ・コーヒー・パーベイヤーズ	P82、128
Sky Waikiki スカイ・ワイキキ	P92
The Backbar ザ・バックバー	P93
Longs Drugs Waikiki ロングス・ドラッグス ワイキキ	P123
Prince Waikiki プリンス ワイキキ	P144
The Lay Low, Autograph Collection ザ・レイロウ オートグラフ・コレクション	P148
Queen Kapi'olani Hotel クイーン カピオラニ ホテル	P150
Waikiki Beachcomber by Outrigger ワイキキ・ビーチコマー・バイ・アウトリガー	P154
The Breakers at Waikiki ザ・ブレーカーズ・アット・ワイキキ	P156
The Royal Hawaiian, a Luxry Collection Resort ロイヤル ハワイアン ラグジュアリー コレクション リゾート	P158

Kapahulu カパフル

Bailey's Antiques and Aloha Shirts ベイリーズ・アンティークス&アロハシャツ	P29
Zippy's Kapahulu ジッピーズ・カパフル	P67
Leonard's Bakery レナーズ・ベーカリー	P70
Ono Seafood オノ・シーフード	P71
Nanding's Bakery ナンディングス・ベーカリー	P83

Monsarrat モンサラット
Bogart's Café ボガーツ・カフェ P71

Muccully マッカリー、Moiliili モイリイリ
Central Union Church Thrift Shop セントラルユニオン教会スリフトショップ P30
Mediterraneo メディテラネオ P55
Harry's Hardware Emporium ハリーズ・ハードウェア・エンポリアム P90

Makiki マキキ
The Liljestrand House ザ・リジェストランド・ハウス P133
Tantalus Lookout タンタラス・ルックアウト P136

Manoa マノア
Waioli Kitchen & Bake shop ワイオリ・キッチン＆ベイク・ショップ P42
Morning Glass Coffee モーニング・グラス・コーヒー .... P57、127
Fantastic Nails ファンタスティック・ネイルス P63
Starbucks Coffee Manoa Valley スターバックス・マノア・バレー P64
Andy's Sandwiches & Smoothies アンディーズ・サンドイッチ＆スムージーズ P65
Off the Hook Poke Market オフ・ザ・フック・ポケ・マーケット P65
Fendu Boulangerie フェンドゥ・ブーランジェリー P71
Sefeway セーフウェイ P84
University of Hawaii Manoa Book Store ユニバーシティ・オブ・ハワイ・マノア・ブック・ストア P121
Manoa Chinese Cemetery マノア・チャイニーズ・セメタリー P139

Alamoana アラモアナ、Ward ワード
Nordstrom Rack ノードストローム・ラック P28
Walmart Honolulu ウォルマート ホノルル .... P28、125
Na Mea Hawaii ナ・メア・ハワイ P30
Nordstrom ノードストローム P31
J. Crew ジェー・クルー P31
Ireh Restaurant イレー・レストラン P47
Ba-Le Sandwich Shop バレ・サンドイッチ・ショップ P60
Itchy Butt イッチー・バット P60
Teppanyaki Farmer テッパンヤキ・ファーマー P61
Foodland Farms フードランド・ファームス P68
Chubbies Burgers チャビーズ・バーガーズ P73
Yu Chun Korean Restaurant ユッチャン・コリアン・レストラン P49
Purve Donut Stop パーベ・ドーナツ・ストップ P80
Kupulau クプラウ P120
Whole Foods Market Queen ホールフーズ・マーケット クィーン .... P30、124、128

Kailua カイルア
Muumuu Heaven ムームー・ヘブン P28
Leinai'a レイナイア .... P28、103

Island Bungalow Hawaii アイランド・バンガロー・ハワイ P29
Guava Shop Kailua グァバ・ショップ カイルア .... P30、105
Mahaloha Burger Kailua マハロハ・バーガー カイルア P72
Tap & Barrel Lanikai Brewing Company タップ&バレル ラニカイ・ブリューイング・カンパニー P88
Kalama Beach Park カラマ・ビーチ・パーク P102
The Fanon ザ・ファノン .... P103、119
Kalapawai Market カラパワイ・マーケット .... P103、128
Times Coffee Shop Kailua タイムス・コーヒーショップ カイルア P104
Pali Lanes パリ・レーンズ P104
Lauren Roth Art Gallery ローレン・ロス・アート・ギャラリー P105
Target Kailua ターゲット カイルア P122

Kaneohe カネオヘ

He'eia State Park ヘエイア・ステート・パーク P106
Coaral Kingdom コーラル・キングダム .... P107、117
Hygienic Store ハイジェニック・ストア P107
Paepae o He'eia パエパエ・オ・ヘエイア P107
Haiku Garden ハイク・ガーデン P137

Kakaʻako カカアコ

Vein at Kaka'ako ヴェイン・アット・カカアコ P34
Pioneer Saloon Kaka'ako パイオニア・サルーン カカアコ P43
Aloha Beer Company アロハ・ビア・カンパニー P89
Fisher Hawaii フィッシャー・ハワイ P121
Kaka'ako Waterfront Park カカアコ・ウォーターフロント・パーク P138

Kaimuki カイムキ

Goodwill Kaimuki グッドウィル カイムキ P28
Awa＋Olena アヴァ＋オレナ P29
Yakitori Ando ヤキトリ・アンドウ P46
Sconees Bakery スコニーズ・ベーカリー P70
Crack Seed Store クラックシード・ストア P76
Pipeline Bakeshop & Creamery パイプライン・ベイクショップ&クリマリー P78

Kahala カハラ

Olive Tree Café オリーブ・ツリー・カフェ P56
The Kahala Hotel & Resort ザ・カハラ・ホテル&リゾート .... P117、143
Shangri La シャングリ ラ P134
Kahala Beach カハラ・ビーチ P135

Down Town ダウンタウン、Chinatown チャイナタウン

Reyn Spooner レイン・スプーナー P29
Ginger 13 ジンジャー 13 .... P29
Barrio Vintage バリオ・ヴィンテージ .... P30、110

188

Rangoon Burmese Kitchen　ラングーン・バーミーズ・キッチン P33
The Pig & The Lady　ザ・ピッグ＆ザ・レディ P38
Opal Thai　オパール・タイ P48
Pho To-Chau Vietnamese Restaurant　フォー・トーチャウ・ベトナミーズ・レストラン P50
Liliha Bakery　リリハ・ベーカリー P78
Tin Can Mailman　ティン・カン・メイルマン P109
Lin's Lei Shop　リンズ・レイ・ショップ P109
Feng Shui Arts & Gifts　フェン・シュイ・アーツ＆ギフト P109
Pegge Hopper Gallery　ペギー・ホッパー・ギャラリー .... P110、117
Kukui Café　ククイ・カフェ P111
Izumo Taishakyo Mission of Hawaii　ハワイ出雲大社 P111

Kalihi カリヒ

Fian Enterprise　フィアン・エンタープライズ P31
Ray's Café　レイズ・カフェ P44
Helena's Hawaiian Food　ヘレナズ・ハワイアン・フード P51
Sugoi Bento & Catering　スゴイ・ベントー＆ケータリング P59
Guava Smoked　グアバ・スモークド P59
Mitsu-Ken　ミツケン P61
Honu Bakery　ホヌ・ベーカリー P81
Paradise Ciders　パラダイス・サイダーズ P87
Leis Hawaii Popcorn Kitchen　レイズ・ハワイ・ポップコーン・キッチン .... P120、128

Aiea アイエア

Ice Garden　アイス・ガーデン P75
The Alley Restaurant at Aiea Bowl　ザ・アリー・レストラン アイエア・ボウルズ .... P79、112
Aloha Stadium Swap Meet　アロハ・スタジアム・スワップ・ミート P113
Aiea Bowl　アイエア・ボウル P117

North Shore ノースショア

Number 808　ナンバー808 .... P29、99
Paalaa Kai Mini-Mart　パアラア・カイ・ミニ・マート P72
Shige's Saimin Stand　シゲズ・サイミン・スタンド P97
Lulu's Lei + Bouquets　ルルズ・レイ＋ブーケ P98
GreenGypsy Thrift Shop　グリーン・ジプシー・スリフト・ショップ P98
Paalaa Kai Bakery　パアラア・カイ・ベーカリー P98
Old Waialua Sugar Mill　オールド・ワイアルア・シュガー・ミル P98
Coffee Gallery　コーヒー・ギャラリー P99
Ehukai Pill Box Hike　エフカイ・ピル・ボックス・ハイク P99
The Sunrise Shack　ザ・サンライズ・シャック P100
Rocky Point Collective　ロッキー・ポイント・コレクティブ P100
Famous Kahuku Shrimp Truck　フェイマス・カフク・シュリンプ・トラック P101
Raised by the Waves　レイズド・バイ・ザ・ウエーブス P101

おわりに

節目の年に私の好きなハワイを思い返し、飾らない自分の言葉で綴ることができました。それもこれもハワイ著書の大先輩である赤澤かおりさんが編集としてたずさわってくださり、誠文堂新光社の久保万紀恵さんが出版に尽力してくださったおかげです。本当にありがとうございました。素敵な写真を撮ってくださったのは、ハワイ在住の先輩クマさん。お礼はたらふくビールとワインかな。時間のない中、ハワイの空気感いっぱいにデザインしてくださったのは、増田菜美さん。かわいくてほんとにうれしい！ お世話になりました。ありがとうを、節目節目で伝えたい、私を受け入れてくれたハワイに、そして日々を楽しくしてくれる隣人と友たちに。いつも支えてくれる主人と、シニアとなってますます癒し効果がアップしてきたベルには毎日ありがとうを言わなきゃね。虹の谷マノアの新しいヴィンテージハウスにて。

工藤 まや

工藤まや
Maya KUDO

大分生まれ。ハワイ在住20年目。テレビ、雑誌を中心に、メディアコーディネーターとして活躍する。JAL機内誌『Eheu』「工藤まやのおいしいハワイ」、CREAウェブ「おもてなしハワイ」、『ELLE Mariage』『ALOHACLIPS』など連載多数。著書に『Hawaii days 365』(扶桑社)がある。

撮　　影	熊谷　晃
デザイン	増田菜美（66 DESIGN）
マップ製作	マップデザイン研究所
編集、構成	赤澤かおり
協　　力	日本航空株式会社

ハワイ暮らしのお気に入り
オアフ島ライフスタイルガイド

NDC290

2019年5月14日　発　行
2019年7月10日　第2刷

著　者	工藤まや
発行者	小川雄一
発行所	株式会社 誠文堂新光社
	〒113-0033 東京都文京区本郷3-3-11
	〈編集〉電話 03-5800-3614
	〈販売〉電話 03-5800-5780
	http://www.seibundo-shinkosha.net/
印刷所	株式会社 大熊整美堂
製本所	和光堂 株式会社

©2019, Maya Kudo.　　Printed in Japan

検印省略
禁・無断転載
落丁・乱丁本はお取り替えいたします。

本書に掲載された記事の著作権は著者に帰属します。
これらを無断で使用し、展示・販売・レンタル・講習会等を行うことを禁じます。
本書のコピー、スキャン、デジタル化等の無断複製は、著作権法上での例外を除き、禁じられています。
本書を代行業者等の第三者に依頼してスキャンやデジタル化することは、たとえ個人や家庭内での利用であっても著作権法上認められません。

JCOPY
〈(一社)出版者著作権管理機構 委託出版物〉
本書を無断で複製複写（コピー）することは、著作権法上での例外を除き、禁じられています。本書をコピーされる場合は、そのつど事前に、(一社)出版者著作権管理機構（電話 03-5244-5088/FAX 03-5244-5089/e-mail: info@jcopy.or.jp）の許諾を得てください。

ISBN978-4-416-51944-8